KB212554

편견

인류의 재앙

편견—인류의 재앙

초판인쇄 2016년 9월 25일 **초판발행** 2016년 9월 30일
지은이 프레데릭 마이어 **옮긴이** 임호일 **펴낸이** 박성모 **펴낸곳** 소명출판 **출판등록** 제13-522호
주소 06643 서울시 서초구 서초중앙로6길 15, 1층
전화 02-585-7840 **팩스** 02-585-7848 **전자우편** somyungbooks@daum.net **홈페이지** www.somyong.co.kr

값 12,000원 ⓒ 소명출판, 2016
ISBN 979-11-5905-098-5 03300

편견

인류의 재앙

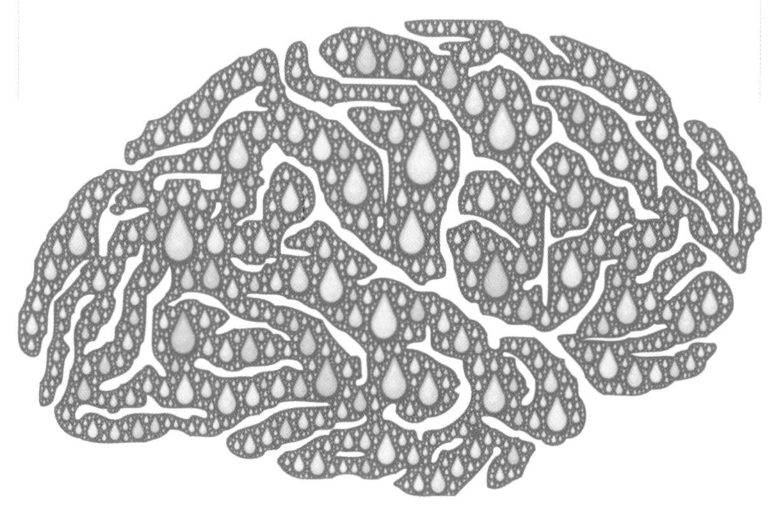

Frederick Mayer

프레데릭 마이어 지음 | 임호일 옮김

VORURTEIL : eine Geißel der Menschheit

머리말

인류는 살아남을 수 있을까요? 이것이 우리시대가 풀어야 할 핵심과제입니다. 편견과 증오가 오늘날과 같이 만연해 있는 한, 타협과 소통이 근본적으로 제한되어 있는 한, 우리 인류의 미래는 결코 낙관적으로 바라볼 수 없습니다.

내가 세계 여러 교육기관에서 연구하고 경험한 바에 의하면, 지식은 이해가 부족하고 마음이 닫혀 있으면 진정한 발전을 이룰 수 없습니다. 폐쇄성을 탈피하는 일, 이것이 교육의 주요목표 중 하나가 되어야 합니다. 유감스럽게도 우리의 교육기관들은 소견이 좁은 사람들을 너무 많이 양산해 냅니다. 이들은 학문적 가치와 학문에의 순응을 최고의 미덕으로 여깁니다.

지식과 지혜 사이의 간격이 점점 더 크게 벌어져 가고 있습니다. 지식은 확장을 목표로 합니다. — 지식을 진척시키기 위해서는 전문가가 필요합니다. 그런가 하면 지혜는 사물의 본질을 파헤치고, 관점을 넓히고 끊임없는 이해를 시도합니다.

나는 관용정신을 범세계적으로 파급시키는 데 일조하기 위해 이 책을 집필했습니다. 이 책에는 편견에 대한 학문적 논술이 담겨 있는 것이 아니라, 이 분야에 관심 있는 독자들을 위해 정리한 증거자료들이 수록되어 있습니다.

편견의 홍수로부터 야기된 과거의 끔찍한 참상, 이 참상으로부터 우리는 더 이상 이러한 무감각과 무관심이라는 길을 반복해서 밟지 않아야 한다는 사실을 깨달아야 할 것입니다.

인종차별이 인간을 얼마나 깊은 파멸의 길로 인도하는가를 보여주는 유난히 비극적인 사건이 미국의 한 도시에서 발생했습니다. 5년 전에 사업을 하는 한 백인 남성이 흑인 여성과 결혼을 했습니다. 그들의 집은 백인들만 거주하는 교외에 위치해 있었습니다. 이들의 이웃은 이들에게 적개심을 품고 있었습니다. 흑인 아내는 종종 욕을 얻어먹었습니다. 밤이면 전화벨이 울리고, 아내가 전화를 받으면 저쪽에서 "꺼져, 이 깜둥이 돼지야, 우린 널 때려죽일 거야!"라고 협박해 대는 것이었습니다.

이 부부는 자식을 둘 두고 있었는데, 이름은 고든과 멜리사였습니다. 사내아이는 주변 아이들한테 얻어맞기가 일쑤였습니다. 부인의 우울증은 날이 갈수록 심해졌습니다. 부인은 더 이상 살고 싶은 생각이 없어졌습니다. 남편은 극도로 신경이 예민해져 끝내는 사랑하는 아내를 살해하고 말았습니다. 경찰에 체포된 그는 "이제 난 아내를 갖게 됐군요. 그리고 마침내 자유도 얻었고요"라고 말했습니다.

이 세상 도처에 산재한 수천만에 달하는 편견의 희생자의 운명은 우리로 하여금 관용이 결코 사치가 아니라, 밝은 미래를 맞이하기 위해서는 반드시 필요한 주춧돌이라는 점을 상기시켜 줍니다. 나아가 핍박받는 약자들의 권리를 보호하기 위해서는 담대한 관용이 요구됩니다.

나는 이 책이 독자로 하여금 몸에 밴 편견을 떨쳐 버릴 뿐 아니라, 편견에서 해방된 인간적인 세상과 사회를 구현하는 데 적극적으로 용기 있게 참여할 수 있는 촉매가 되기를 바라마지 않습니다.

비엔나, 1974년 여름

프레데릭 마이어

차례

1

편견의 문제

1 마이어 교수님, 교수님은 많은 경험을 쌓으신 세계적으로 인정받는 교육전문가입니다. 교수님이 편견의 문제에 관심을 갖게 된 가장 큰 이유는 무엇입니까?

인생관이란 대체로 자전적인 경험을 반영한 것입니다. 우리가 품고 있는 생각들은 대개가 객관적이고 합리적인 방법에 의해 취득된 것이 아니라, 무의식적인 감정에 의해 축적된 결과물이라 할 수 있습니다.

미국에서 저는 엄청난 편견을 지닌 학자들을 많이 보았습니다. 예컨대 헌법사학을 전공한 제 지도교수는 미국의 헌법발전에 관한 입문서를 썼는데, 이 책은 50여 개 대학에서 필수교재로 사용되었습니다. 그는 자신의 기억에서 수백 개에 달하는 법률사건을 인용해 낼 수 있었습니다. 하지만 그는 루즈벨트 대통령의 개혁 프로그램인 '뉴딜정책'에 관해 언급할 때면 객관성을 잃고, 어떤 관점에서든 이 정책은 잘못된 것이라고 혹평했습니다. 그는 뉴딜정책을 국가전복을 꾀하는 운동으로 보았는가 하면, 루즈벨트를 미합중국의 파괴자로 간주했습니다.

다른 한 교수는 공개강연의 연사로 많이 불려 다니는, 사회학 분야에서 높은 명성을 지닌 사람이었습니다. 그는 자신이 학문적으로 선입견이 없는 객관성을 지닌 학자의 표본이라고 자부했습니다. 하지만 그는 흑인에 관해 언급할 때면 보다 고귀한 인종의 표본으로 종종 고비노Gobineau와 로젠베르크Rosenberg를 들먹였습니다.

제 친구 중의 한 사람은 독일에서 미국으로 망명했습니다. 유럽에서는 존경받는 지위에 있던 그가 미국의 대학에서는 형편없는 자리로 밀려났습니다. 그는 먹고 살기도 힘들었습니다. 제 친구가 재직하던 대학의 총장은 반유태주의자였습니다. 그는 제 친구에게 미합중국에서 살 수 있게 된 것이 얼마나 다행인가를 주지시키며, 대학에서 자리를 얻은 데 대해 감사해야 할 것이라고 말했습니다. 제 친구는 저술도 많이 했고, 정상적인 환경이라면 정규직 교수가 되었을 텐데, 이 학교에서는 조교밖에 될 수 없었습니다. 때문에 그는 매년 조교직을 갱신받아야 했습니다.

그가 세상을 떠난 후 그의 저서들은 유명해졌고, 여러 나라의 언어로 번역되었습니다. 그렇게 되니까 위에 말한 총장은 제 친구의 업적을 기념하는 자리에서, 제 친구가 이 대학에서 교편을 잡았다는 것과 그와 함께 많은 대화를 나누었다는 것이 자랑스럽다고 떠들어댔습니다. 하지만 그는 두 사람의 대화가 주로 돈 문제에 머물렀다는 사실은 잊고 있었습니다. 실제로 제 친구의 경제 사정은 너무나 절망적이었습니다. 그는 구빈원에서 생을 마감했습니다.

이 대학의 학장은 일요일마다 빠지지 않고 교회에 다니는 철저한 감리교 신자였습니다. 그는 고양된 윤리의식의 필요성에 관한 아름다운 책들을 출간했습니다. 그는 이웃사랑과 전 세계적인 소통정신에 관해 유창하게 강연할 수 있는 사람이었습니다. 그는 모든 사람을 사랑했습니다. 단, 그가 사랑하는 사람들 중에서 불가지론자와 무신론자, 유태인 그리고 가톨릭신자는 제외되었습니다.

저는 대학공부를 마친 후 그해 여름을 유죄판결을 받은 청소년들이 수감된 한 소년원에서 보냈습니다. 이들 중에서 여러 명은 이미 수차례 금고형을 받은 아이들도 있었습니다. 제 전임자인 원장 대리는 한 소년 수감자가 휘두른 칼에 찔려 상처를 입고 병원에 입원했다는 얘기를 나중에야 들었습니다. 저는 그 사실을 알지 못했었습니다. 알기만 했더라도 저는 분명 그 자리를 받아들이지 않았을 것입니다.

그 소년원은 페서디나에서 40마일이나 떨어진 곳에 위치해 있었으며, 말할 수 없이 초라했습니다. 우리는 야외에서 잠을 잤는데, 이곳에서 저는 그 짧은 기간에 제 일생 동안 본 것보다 더 많은 독사들을 보았습니다. 물론 제가 독사보다 더 두려워한 건 소년원 수감자들이었습니다. 이들은 여덟 살에서 열여덟 살 사이의 청소년들이었는데, 대부분 롱비치와 로스앤젤레스의 동부에서 온 멕시코인들이었습니다.

제가 대학에서 배운 것들은 그들의 언어와 생활양식에 적응하는 데 조금도 도움이 되지 못했습니다. 저는 불량청소년들이 주도적인 역할을 하는 새로운 폭력세계와 마주해 있었던 것입니다.

처음 한동안 저는 그들을 깔보고, 고정관념을 가지고 그들을 대했습니다. 이런 저는 그들에게 한갓 쓸모없는 인간일 뿐이었습니다. 그러나 얼마 후 그들은 저를 받아들였습니다. 제가 그들의 말을 경청하고 그들의 생각을 공유하는 법을 배웠기 때문입니다. 그 애들 다수가 의무교육도 제대로 못 받은 데 반해, 저는 우연히 운이 좋아 대학 교육을 받았음을 깨닫게 되었습니다. 그들 중 많은 아이들이 기본적인 의사소통에 필요한 영어조차도 할 줄 모르고 있었습니다.

그들 중 몇 아이는 저와 친한 친구가 되었고, 이 우정은 수년 동안 지속되었습니다. 훗날 저는 로스앤젤레스의 동부에 있는 여러 청소년 클럽에서 강연을 하였습니다. 그러던 어느 날이었습니다. 어떤 담배장수가 저를 멈춰 세우더니 말했습니다. "프레드, 저 기억하시겠어요? 우리 캠프 아다히Camp Adahi에 같이 있었잖아요?"

캠프 아다히에 적籍을 둔 이래로 저는 저 자신이 편견을 가지고 있다는 사실을 시간이 흐를수록 더욱 더 분명하게 깨달았습니다. 저는 이른바 범죄자들과 대화를 할 때도 대학교수들과 대화할 때와 똑 같은 언어로 말하기로 결심했습니다. 저는 우리가 편견의 문제를 도외시하는 한, 학교에서나 기타 어느 교육기관에서든 참다운 교육은 이루어지지 못한다는 사실 또한 확인하게 되었습니다.

선입견 때문에 얼마나 많은 사람들이 파멸되었습니까! 잘못된 인간관계로 인해 얼마나 많은 희망이 좌절되었습니까!

제2차 세계대전 이후에 어떤 대학에서 강의를 맡았던 내 친구 한 사람이 생각납니다. 독일에서 교환학생으로 이 대학에 공부하러 온 한 여학생이 그의 강의를 들었습니다. 그 두 사람은 서로 취향이 비슷했고, 서로 사랑하게 되었습니다. 하지만 제 친구의 부모는 독일인에 대한 편견이 심했습니다. 그들의 눈에는 독일 사람 모두가 나치처럼 보였습니다. 그들은 제 친구가 그녀와 계속 사귀면 유산을 물려주지 않겠다고 협박했습니다. 그와 부모와의 관계는 매우 돈독했습니다. 특히 그는 아버지와 부딪히고 싶지 않았습니다. 심장병을 앓고 있는 아버지는 조그만 자극에도 생명이 단축될지 모른다는 생각이 들었기 때문입니다. 제 친구는 독일 여학생과 결혼하지 못했습니다. 그녀는 독일로 돌아갔고, 그는 취향이 전혀 다른 처녀와 결혼했습니다. 그의 인생은 망가지고 말았습니다. 이 또한 편견에 의해 희생당한 사례가 아니겠습니까!

저는『교육이념의 역사』라는 책을 펴낸 적이 있는데, 이 책은 과거를 기술하기 위해서가 아니라, 역사가 우리의 현실을 위해 무엇을 가르칠 수 있는가를 규명하기 위한 실험모델로 역사를 활용하기 위해서 쓴 것입니다. 지금까지 미국의 교육학은 그리스사상으로부터 출발했습니다. 저는 그리스사상 대신에 인도철학을 기본으로 삼았습니다. 다시 말해 이 책을 저술함에 있어 동양사상이 강하게 작용하였습니다. 우리 학계에서는 서양의 표상세계를 과대평가한 나머지 유감스럽게도 전통주의와 오만이 뒤섞여 사고의 편협성을 초래하고 있음을 저는 확인했습니다. 공자와 장자 그리고 요가와 선불교사상의 영향을 무시할 경우—이상은 몇 가지 예를 든 것에 불과합니다—교육의 단초에 중대한 결함이 생기며, 관점상에서도 많은 문제점을 드러내게 됩니다. 진정한 문화는 결코 경계가 없고, 어떤 민족도 위대함의 총체가 아닐 수 없습니다. 전승된 표본을 맹목적으로 숭상하는 대신에 이를 극복하는 법 또한 우리는 배워야 할 것입니다.

2 교수님은 국제문화센터의 부의장으로 중요한 회의에 여러 차례 참석하셨습니다. 국제기구와의 협동작업이 교수님의 견해에 어떤 영향을 미쳤습니까?

유럽 소재의 여러 국제기구들과 협동작업을 해본 결과, 저는 민족들 간의 교류가 실패하는 이유는 지식이 부족해서가 아니라 이해의 결핍 때문이라는 사실을 확신하게 되었습니다. 저는 국제기구의 임원들이 참가한 세미나를 주관하면서 소통의 문제를 다룬 적이 있습니다. 우리는 '호전적'이라는 단어를 예로 들었습니다. 어떤 영국인에게는 '호전적'이란 단어가 부정적인 뉘앙스를 지닌 단어로 받아들여졌습니다. 어떤 사람이 호전적이라고 말할 때 그는 이 단어를 적개심에 찼다는 의미와 동의어로 사용하고 있었습니다.

어떤 미국 사람은 '호전적이다'라는 말을 긍정적으로 받아들였습니다. 미국회사들은 호전적인 사람들을 팀장 자리에 많이 앉힙니다. 호전적이라는 단어를 미국 사람들은 대체로 진취적이고 활동적인 의미로 받아들입니다.

이 세미나 토론의 사회는 러시아 사람이 맡았습니다. 그는 수사반장처럼 기분이 몹시 언짢은 표정을 짓고 있었습니다. 그는 세미나가 한 시간 삼십 분 걸리는 것으로 알고 있었다는 사실을 저는 모르고 있었습니다. 저는 두 시간으로 들어서 그렇게 알고 있었던 것입니다. 그는 한 시간 반이 지나자 계속 시계를 들여다보고 있었습니다. 그런 그가 저는 몹시 못마땅했습니다.

나중에 그 사람과 좀 더 가까워졌을 때 우리는 서로 오해한 것에 대해 웃었습니다. 알고 보니 그는 전혀 까다로운 사람이 아니라 상냥하고 이해심이 많은 사람이었습니다.

현재 저는 비엔나에 거주하고 있는데, 유엔 사무국 직원들 대부분은 게토에 살고 있는 것이나 다름없습니다. 그들은 오스트리아 사람들을 깔봅니다. 그들은 종종 이런 말을 합니다. "여기서부터 발칸반도가 시작되지." 실제로 비엔나는 세상에서 가장 매혹적인 나라들 중의 하나입니다. 프로이트나 쇤베르크, 비트겐슈타인 같은 걸출한 인물을 배출한 비엔나, 이 비엔나에서 우리는 아직도 옛 문화의 향기를 물씬 느낄 수 있습니다.

그런가 하면 동시에 많은 비엔나 시민들은 유엔에 대해 잘 모릅니다. 그들은 중요한 문제를 한 번도 해결해 보지 못한 쓸모없는 기관이 유엔이라고 생각합니다. 그들은 국제기구의 임원들이 너무 많은 보수를 받으면서 오만하게 행동한다고 믿습니다.

저는 새로운 모임을 하나 만드는 데 일조했습니다. 이 모임은 여러 나라 사람들이 참여하는 모임으로 국제기구의 임원들, 이를테면 학자, 외교관, 사업가, 정치인 같은 인물들이 오스트리아 동료들과 회합하도록 주선해 줍니다. 이 모임에서는 상호 경험을 주고받게 할 뿐 아니라, 동류의식을 고취시켜서 진정한 대화가 이루어지도록 해 줍니다. 어쩌면 이런 대화를 통해 오래도록 유지될 수 있는 친교관계가 이루어질 수도 있을 것입니다.

이 모임에서는 무신론자, 신자, 흑인과 백인, 유태인, 아랍인, 마르크스주의자, 기독교의 고위 성직자, 유럽과 아시아 출신의 각종 사람들이 서로 만납니다.

이 모든 일을 할 수 있도록 저를 자극한 분은 요한 23세 교황입니다. 그분은 사람과 사람이 항상 서로 교류하도록 주선하는 일에 일생을 바쳤습니다. 그분은 전 세계에 자신을 개방하는 삶을 사신 분입니다.

세계를 향한 이 개방정신은 우정과 동포애 이념에 바탕을 두고 있습니다. 게토를 모르는 이러한 정신이 우리의 표상이 되어야 합니다. 그렇지 않고 우리가 계속해서 편견과 망상에 사로잡힐 경우 전 인류의 미래에 대한 전망은 결코 장밋빛이 될 수 없을 것입니다.

3 교수님은 편견이 우리시대 교육의 가장 큰 문제라고 생각하십니다. 좀 과장된 생각이 아니신지요?

아커만Ackermann과 야호다Jahoda는 『반유태주의와 감정의 혼란 *Anti-Semitism and Emotional Disorder*』(1950)이란 책에서 편견을 "인간 상호간의 영역에서 발생하는 적개심의 행동표본"이라고 정의하는데, "이 적개심은 한 집단 전체를 향하거나 한 집단에 소속된 일부 사람들을 표적으로 삼는다"고 합니다. 편견은 편견에 사로잡힌 사람으로 하여금 비이성적 사고를 하게 합니다.

올포트Allport와 크레머Kramer는 1946년에 발표된 그들의 연구에서 미국 국민의 4/5가 그 어떤 형태로든 간에 적개심을 지니고 있다고 말합니다. IMAS-연구에 의하면 오스트리아 국민 대다수가 공개적으로 혹은 내심으로 유태인에 대한 반감을 지니고 있습니다. 물론 이러한 감정을 측정하기란 어려운 일입니다. 왜냐하면 그것은 대체로 무의식에서 발원하기 때문입니다.

혹자는 이 두 실사實査가 과장됐다고 말할 수도 있을 것입니다. 하지만 인류의 역사에서 편견이—직접적으로든 간접적으로든—수백만에 달하는 인간을 살해했다는 사실은 무엇을 의미합니까? 헤아릴 수 없이 많은 사람들이 정신적으로 파멸되었습니다. 유능한 드라마투르그조차 재현해 내기 힘든 비극을 편견이 만들어 낸 것입니다. 대부분의 전쟁은 편견 때문에 일어납니다. 편견이 있는 한 인간은 끊임없는 위험에 방치됩니다.

4 교수님의 그런 생각은 과장된 것이 아닌지요? 그와 같은 연구가 과거사에는 들어맞을 수도 있겠습니다만, 우리시대에 와서는 긍정적인 일들도 많이 보고되고 있습니다. 교수님의 견해와는 반대로 오늘날에는 관용정신이 점점 더 확산돼 가고 있지 않은지요?

그런 질문은 듣는 사람을 호도할 수가 있습니다. 그렇게 질문할 것이 아니라 다음과 같이 질문해야 할 것입니다. "국민으로 그리고 개인으로 살아남을 수 있을 만큼 우리가 관용을 베풀고 있는가?" 이 질문에 대한 대답은 이중적 의미를 지닙니다. 저 끔찍한 군비경쟁을 생각해 보면 우리는 낙관적일 수 없습니다. 왜냐하면 이러한 무장은 편견과 적개심의 발로이기 때문입니다. 전쟁은 편견과 불가분의 관계를 맺고 있습니다. 때로는 심지어 교육기관이 편견을 조장하는 일도 있었습니다. 예컨대 1914년 이전만 해도 많은 독일 교사들이 프랑스인은 복수심이 강하고 믿을 수 없고 야만적이고 국수주의적이고 열등하다고 가르쳤는가 하면, 많은 프랑스 교사들은 독일이 군국주의 나라이며 잔인한 사람들의 나라이고, 인류문화의 발전을 저해하는 나라라고 가르쳤습니다. 유감스럽게도 이러한 편견은 오늘날에도 여전히 산재해 있습니다.

보다 현실적인 편견의 사례를 하나 더 들어 보겠습니다. 1960년대,

특히 1973, 74년에 중국과 러시아 간에 있었던 일입니다. 좀 더 구체적으로 말씀드리면, 유엔에 근무하는 내 친구 한 사람이 런던에서 개최되는 국제 세미나의 의장을 맡은 적이 있었습니다. 이 사람은 중국계 혼혈인인데, 세미나가 열리기 전에 한 중국 학자가 그에게 이 세미나에 러시아 학자들도 참석하느냐고 물었습니다. 러시아 학자들은 참석하지 않는다는 얘기를 들은 중국인은, 그러면 자기 나라의 대표단이 이 회의에 참석할 준비가 돼 있노라고 말했습니다.

흥미롭게도 중국과 러시아는 서로 상대방이 인종적 편견을 지니고 있다고 비난합니다. 러시아 사람들은, 중국인들이 소수민족을 박해하고 그들을 집단수용소에서 재교육시킨다고 비난합니다. 그에 반해 중국인들은 러시아 정치가들을 '새로운 차르들'이라고 부릅니다. 이 새로운 차르들이 국민적 자기 정체성의 회복을 시도하는 소수민족을 박해한다는 것입니다.

이러한 상호간의 적대적 캠페인은 프로파간다나 이념적 논쟁을 통해 이루어집니다. 여기에는 모든 가능한 소통수단, 이를테면 신문과 라디오, 텔레비전 등이 동원됩니다. 그밖에 이 캠페인은 군중 동원을 통해서도 이루어집니다. 두 나라가 공히 편견의 불식을 강조하는 마르크스주의를 신봉함에도 불구하고 이런 적대관계를 청산하지 못하고 있다니 참으로 이해하기 힘든 일입니다.

5 **마르크스주의자들은 편견이 소수자를 속죄양으로 이용하는 착취사회의 전형적인 징후라고 주장합니다. 이에 대해 교수님은 어떻게 말씀하시겠습니까?**

인류의 역사를 돌이켜보면 분명 많은 편견은 경제적인 관심과 연결되어 있었습니다. 예컨대 노예장사는 많은 무리의 착취자들에게 이익을 안겨 주었습니다. 외국 노동자들은 유럽의 여러 지역에서 산업발전에 기여했습니다.

다른 한편으로 어떤 기구나 국가가 절대주의를 내세움으로써 국민의 모든 생활관을 성공적으로 컨트롤할 수 있는 경우에는 편견이 불가피하게 강해집니다. 예컨대 스파르타와 중세시대의 교회, 히틀러 치하의 독일, 무솔리니 치하의 이탈리아가 이 경우에 속하고, 우리 시대의 사상검증 시도가 이 경우에 속합니다.

전체주의는 진리의 오류를 용납하지 않는다는 점에 그 근거를 두고 있습니다. 여기서는 물론 진리의 의미가 한정되어 있습니다. 때문에 다른 생각을 가진 사람은 항상 배척됩니다. 그는 통합을 위협하는 존재로 낙인찍혀서 제거됩니다. 필요한 경우에는 강제적으로 말입니다.

그런 종류의 갈등은 사이비 종교적인 의미를 지닙니다. 미국의 탁월한 정치가 벤자민 프랭클린은 유머 감각이 풍부한 사람으로, 이미 그의 시대에 다음과 같은 두 종류의 큰 교회가 있었다고 말했습니다. “한쪽은 오류를 범할 수 없는 교회이며, 다른 한쪽은 그릇된 것은 일체 행할 수 없는 교회다.”

매카시 광풍이 한참 몰아치던 시대에, 그러니까 정치적으로 다른 생각을 가진 사람들을 마녀사냥하던 시대에 한 조그만 대학이 미국의 근본적인 가치를 수호하기 위해 투쟁했습니다. 보수적인 학생들과 시민의 공격에 대항해 학교를 지키기 위해서였습니다. 이들은 매카시 추종자들로, 진보적인 이념 일체를 위험하고 공산주의로부터 세뇌된 것으로 간주했습니다. 새로운 중국을 옹호하는 교수들은 극렬분자로 매도당했습니다. 현대예술의 몇몇 부류는 파괴적인 성향을 띠었다고 비난받았습니다. 그리고 몇몇 교수들은 린치를 당해야 마땅한 “더러운 빨갱이”라는 익명의 전화를 한밤중에 받았습니다.

이 대학이 얼마나 견실하고, 이 대학의 철학적 기본원칙이 얼마나 무해한가, 그리고 나아가 이 철학적 원칙이 매카시 의원의 세계관과 결코 다르지 않다는 것을 증명하기 위해 대학위원회가 설립되었습니다. 이 위원회의 과제는 미국을 위대하게 만든 ‘영원한 기본원칙’을 수호하는 것이었습니다.

이 위원회는 철학, 생물학, 물리학, 역사학, 사회학, 경영학 그리고 정치학을 전공하는 학자들로 구성되었습니다. 이 위원회에 참여한 한 철학교수가 회원들에게 그들이 수호해야 할 가치는 절대적인 것이냐고 물었습니다. 위원회 회원들은 이구동성으로 그렇다고 대답했습니다. 그러자 철학교수는 그 가치가 실제로 절대적이고 영원하다면 그것을 수호할 필요조차 없다고 말했습니다. 이 말에 위원회는 당황할 수밖에 없었습니다. 위원회는 곧장 해체되었습니다.

성공회의 제임스 파이크James Pike 주교는 매카시즘을 철저하게 반대한 사람이었습니다. 어느 날 남부의 어떤 주에 있는 한 대학이 그에게 명예 신학박사학위를 수여하려고 했습니다. 이 대학은 흑인 학생은 받아들이지 않는 대학이었습니다. 이 때문에 파이크 주교는 학위 수여를 거부했습니다. 그는 '백인 신학'을 믿지 않는다고 선언했습니다. ―파이크 주교의 아들이 자살했을 때 매카시즘을 추종하는 그의 성당의 한 신부가 다음과 같은 전보를 띄웠습니다. "천만다행히도 파이크 한 사람이 줄었군요."

아들을 잃고 깊은 절망감에 빠진 아버지에게 그런 전보를 보내는 사람을 이해하기란 참으로 힘이 듭니다. 여기서 우리는 편견이 거의 병적인 증오심을 야기한다는 사실을 확인하게 됩니다. 그 성공회 신부에게는 파이크 주교의 자유로운 이념이 전복적이며, 악마로부터 물려받은 것으로 생각되었습니다.

위의 예에서 우리는 편견의 문제가 근본적으로 두 가지 상이한 삶의 방식을 보여주고 있음을 알 수 있습니다. 한쪽은 유연하고 위험을 감수하며, 희망찬 눈으로 미래를 바라봅니다. 그런가 하면 다른 한쪽은 경직된 자세로 과거에 집착해 있으며, 이원론적인 세계관에 사로잡혀 있습니다. 여기서는 악마를 만들어 내고, 집단히스테리의 원리를 만들어 냅니다.

6 그러니까 교수님은 보다 큰 위험에 대비할 것을 요구하고 계십니다. 그 말씀은 우리가 내린 결정을 결코 최종적인 것으로 간주해서는 안 된다는 것인가요?

인류가 살아남기 위해 절대적으로 필요한 회의懷疑가 있습니다. 이 회의를 통해 우리는 우리가 내세우는 주장의 의미를 숙고해 봄으로써 학문적 방법의 기본원리를 인정하고 익히게 됩니다.

얼핏 보아서는 눈에 띄지 않는 유혹자들이 판을 치는 이 시대에 우리는 사실과 프로파간다를 구분할 수 있는 방법을 배워야 합니다. 우리는 낡은 이념과 추정推定들에 매달리지 않는 방법을 배워야 합니다. 우리는 우리 자신의 진의眞意를 점검해 보아야 합니다. 성찰이, 반성이 없는 인생은 살 필요가 없다고 소크라테스가 말하지 않았던가요?

미국의 저명한 철학자 피어스Peirce는 언젠가 한 비평가로부터 피어스의 글은 뚜렷한 결론을 내리지 못하고 있다는 인상을 준다는 비판을 받았습니다. 피어스는 이 비판을 칭찬으로 받아들였습니다. 이를테면 그는 자기의 철학을 오류가능성의 길이라고 불렀습니다. 우리는 종종 어떤 것을 선불리 믿고 소중히 여기는 경향이 있습니다. 때문에 우리는 우리의 견해를 잠정적인 것으로 간주해야 합니다. 그래야만 우리는 마음을 열고 배울 준비를 할 수 있으며, 편견의 영향권에서 벗어날 수 있습니다.

그러나 회의는 생활양식이 아닙니다. 회의는 잠정적인 사유체계입니다. 우리가 지속적으로 중립만을 고수한다면 그것은 도덕적 책임을 피하는 행위가 됩니다. 우리는 전쟁과 경제적 착취, 개발도상국의 상황과 인종적 종교적 편견과 같은 문제에 무관심해서는 안 됩니다. 인도주의를 옹호하고 인도주의를 위해 투쟁하는 것이 우리의 의무입니다.

바로 이런 책임의식이 아우슈비츠에서 자신을 희생시킨 콜베Kolbe 신부와 나치정부에 대항해서 투쟁하다 순교한 디트리히 본회퍼Dietrich Bonhoeffer의 희생정신을 낳았습니다. 두 분은 우리가 보다 더 큰 의무감을 느껴야 하며, 우리의 삶은 객관성이 결여될 수밖에 없고, 은밀한 저항정신은 항상 부족할 수밖에 없다고 생각했습니다.

7 우리들 중에 본회퍼나 콜베 신부 같은 용기를 지닌 사람은 드뭅니다. 우리가 증오와 편견에 대항해서 투쟁하려면 어떻게 해야 합니까?

우리는 우리 자신이 행하는 행위의 동기를 살펴보고, 편견이 어떤 영향을 미치는가를 주시해야 할 것입니다. 우리는 외부의 현실을 직시하지 못하는 경향이 있습니다. 최근에 저는 한 그룹의 대학생들과 편견의 영향에 관해 이야기를 나눈 적이 있습니다. 이 자리에서 저는 6백만에 달하는 유태인이 히틀러에 의해 살해되었다고 말했습니다. 그러나 학생들은 제 말에 별로 자극을 받지 않는 것 같았습니다. 그래서 저는 히틀러 시대의 독일의 일상을 구체적으로 들려주었습니다. 그러자 저는 학생들의 태도에 변화가 일어나기 시작하는 것을 목격했습니다. 그들은 이어서 아우슈비츠 유태인 수용소를 찾았고, 거기서 비로소 학생들 대부분은 편견의 위험성을 확인했습니다.

이 자리에서 주제를 단순화시킬 생각은 없습니다. 많은 사람들이 여전히 자기들은 편견이 없다고 믿고 있지만, 그들은 엄청난 적개심을 품고 있을 가능성이 있습니다. 예컨대 미국 대학생들에게 모든 인간은 평등한가 하고 물으면 분명 그들은 그렇다고 대답할 것입니다. 하지만 흑인들도 거기에 속하느냐고 물으면 흑인들의 열등성을 증명하기 위해 숱한 논거를 동원할 것입니다.

8 왜 편견은 종종 그릇된 교양 이상으로 전수傳授되는 건가요?

소위 지식인이라는 사람들은 자신이 보다 넓은 안목을 지녔다고 믿습니다. 그들은 자신이 특수계층에 속한다는 자긍심을 지니고 있습니다. 그래서 대학교육을 받지 못한 사람들을 무시합니다. 그들은 성적증명서의 점수를 참 지식과 혼동하는 경향이 있습니다.

미국의 많은 부모들은 자기 자녀들이 하버드나 예일 또는 프린스턴 대학에 들어가기를 바랍니다. 그리하여 이들의 자녀들은 일찍이 어린 시절부터 기초를 제대로 다지기 위해 엄청난 노력을 기우려 중·고교에서 좋은 성적을 받음으로써 이와 같은 지식의 거룩한 아성으로 들어갈 수 있는 허가를 받게 됩니다. 그 결과 이들은 자신을 무언가 특별한 존재로 느낍니다. 하버드와 예일대학 출신들은 그들 자신만의 동아리를 형성하고 있습니다. 하버드와 예일대학 졸업생들은 자신이 이 세상의 유일한 자리를 차지하고 있다고 생각합니다. 이런 생각으로 인해 그들은 오만해집니다.

저는 캘리포니아에 있는 어느 사립대학교의 한 전문분야 연구소장 후보를 추천하는 임무를 수행하는 위원회에 들어간 적이 있습니다. 여기서 우리는 여러 후보자들의 자격, 즉 이들의 학력, 인품 그리고 이력 등에 관해 상세하게 토론을 했습니다. 최종적으로 후보 두 명을 추려

냈습니다. 한 사람은 어느 주립대학의 학위소지자였고, 다른 한 사람은 하버드 출신이었습니다. 위원들 다수가 하버드 출신 쪽에 손을 들었습니다. 그러니까 이 사람은 마침내 '하버드 맨'이란 프리미엄 덕을 본 것이죠. 저는 이 결정이 단순히 하버드 출신이라는 근거만으로 이루어지는 것은 편견의 소산이라고 지적했습니다. 하버드대학의 학위가 보다 나은 능력을 의미하는 것일까요?

다수결에 의해 제 의견은 묵살되었습니다. 그 하버드 출신은 냉정하고 가까이 하기 어려운 사람이었습니다. 캘리포니아를 후진 주로 생각하던 그는 이 대학에 오래 머물지 못하고 끝내 동부해안에 있는 '우아한 문화권'으로 다시 옮겨 갔습니다.

미합중국의 저명한 사립대학 졸업생들은 규모가 큰 주립대학을 우습게 봅니다. 그런가 하면 규모가 큰 주립대학 출신들은 조그만 사립대학에 대해 편견을 지니고 있습니다.

영국에서는 이튼 초등학교나 해로우 중·고교 같은 기숙학교의 정신이 상류층의 오만한 태도를 길러냈습니다. 이 오만한 태도는 여러 세대에 걸쳐 영국 법질서에 각인되어 있습니다. 이튼이나 해로우 같은 학교는 수백 년의 유구한 전통을 지니고 있기 때문에, 많은 부모들은 그들의 자식을 그곳으로 보내기 위해 자신의 희생을 무릅쓰고 엄청난 돈을 투자합니다.

그 결과는 어떤 것일까요? 이 학교의 학생들은 대체로 일반 학교의 학생들보다 더 많은 것을 배우지만 그만큼 더 많은 편견을 형성하게 됩니다. 그들은 일반적으로 노동자의 문제들을 이해하지 못합니다. 그들 대부분이 비유럽문화에 대해 공감하지 않습니다. 그들의 사고는 혈연에 얽매여 있습니다. 한마디로 그들은 모든 것을 배웠지만, 진정한 문명의 발전을 위해 절대적으로 필요한 가치는 배우지 못했습니다.

배타적인 학교는 종종 예기치 못한 난관에 봉착할 수 있습니다. 예컨대 주로 외교관과 사업가 등의 자녀가 다니는 유럽의 어떤 유명한 국제학교에는 돈을 훔치는 일을 전문으로 하는 비밀결사가 조직되어 있습니다. 여기서는 누가 가장 많은 돈을 훔치는지 내기를 합니다. 이 그룹의 멤버들은 하급생들에게 폭력을 휘두릅니다. 몇몇 아이들은 매 맞지 않으려고 상급생에게 돈을 상납합니다. 이 학교의 생활지도 주임교사가 이 그룹의 멤버들을 모두 퇴학 처분하려고 하자 밤마다 익명의 협박 전화가 걸려 왔습니다. 이 멤버들은 학교 안에서만이 아니라 외국인 노동자들의 자제들에게도 폭력을 행사했습니다. 언젠가 제가 이 그룹의 한 아이에게, 왜 외국인 노동자의 아이들에게 매질을 하느냐고 묻자 이 아이는 이렇게 대답했습니다. "저는 그 애들이 미워요. 그 애들이 쳐다보는 눈빛과 내뱉는 말이 싫다고요. 그 애들은 해충이에요. 그 애들은 두드려 패야 말을 들어요."

많은 남아프리카 공화국의 선생들과도 이야기를 나누어 보았는데, 이들은 한결같이 흑인에 대해 편견을 가지고 있었습니다. 이들은 매번 아래와 같은 주장을 펼쳤습니다.

- 흑인은 나쁜 습관을 가지고 있다.
- 흑인은 다른 법칙에 따라 살고 있다.

- 흑인은 본능적인 감정에만 의존한다.
- 흑인은 백인보다 열등하다.
- 흑인들과 뒤섞일 경우 국가의 문화수준이 떨어지게 된다.

안타깝게도 많은 남아공의 교육자들은 위와 같은 견해가 학문적으로 입증되었다고 확신하고 있습니다. 저는 매번 그런 생각은 단지 편견에 지나지 않으니 생각을 바꿔야 한다고 말했지만 그들 대부분이 제 말에 귀를 기울이지 않습니다. 너무 오랜 세월을 편견에 젖어 살아왔기 때문에 마침내 사회를 보는 눈이 그렇게 좁아진 것입니다.

계층에 대한 편견의 폐해도 이와 마찬가지로 끔찍합니다. 오스트리아의 교육부 장관 지노바츠Sinowatz는 노동자 계층 출신입니다. 학생시절에 그는 출신성분 때문에 정신적 고통을 많이 겪었습니다. 한번은 그가 김나지움 시절에 자기가 아웃사이더 취급을 받았다는 얘기를 하더군요. 그의 수학점수가 낮게 나오자 교장이 그의 아버지를 호출했다는 것입니다. 직업이 무엇이냐는 교장의 물음에 아버지는 열쇠공이라고 대답했습니다. 그러자 "당신의 아들을 김나지움에 보내는 것은 시간낭비예요! 왜 그 애는 아버지의 뒤를 잇지 않는 건가요?"라고 교장이 말했습니다. 아버지가 배우지 못했으니까 분명 아들도 더 이상의 교육은 받기 힘들다는 얘기였습니다.

편견은 여러 개발도상국에서 더 많은 해악을 낳고 있습니다. 이들 나라에서는 유럽과 미국의 행동양식을 무조건 모방합니다. 정신노동자는 높이 평가받고, 시험의 의미를 높이 삽니다. 그런가 하면 농사의 필요성은 무시됩니다. 육체노동은 경멸당하며, 깨끗한 손은 교양인의 징표로 여겨집니다.

학교와 국가의 현실적인 요구 사이에는 아직도 간격이 크게 벌어져 있습니다. 예컨대 에티오피아의 수도 아디스아바바에는 최고의 의료시설을 갖춘 현대식 병원이 있지만, 기타 지방의 의료시설은 취약하기 이를 데 없습니다. 인도에는 어디에 내놔도 손색이 없는, 심지어 핵무기도 만들어 내는 학문연구기관들이 있지만, 대중의 기초적인 직업교육은 전혀 이루어지지 않고 있습니다. 인도 대학생들의 전공은 너무 세분화되어 있습니다. 수많은 인도의 대학 졸업자들이 직업을 얻지 못하고 있습니다. 인도의 대학생들은 사회문제에 별반 관심이 없고, 하층민들을 무척이나 업신여깁니다.

재래식 교육은 학생들로 하여금 어쩔 수 없이 남보다 더 나아져야 한다는 생각을 품게 합니다. 이런 생각은 교육 분야에서 뿐 아니라 종교에서도 큰 문제가 아닐 수 없습니다. 이런 생각은 배타적 이기주의를 잉태하고 신분제도를 낳게 됩니다. 그렇게 되면 무엇보다도 사회적 책임의식이 실종돼 버리고 맙니다.

9 이론적 연구를 통해 편견을 불식시킬 수 있을까요?

미국의 저명한 사상가 에머슨Emerson은 산책길에 나선 한 그룹 사람들, 이를테면 시인과 사업가 그리고 철학자에 관해 기술한 적이 있습니다. 사업가는 수익에 관해 생각했고, 철학자는 자연의 법칙에 관해 그리고 시인은 나무들의 아름다움과 어떻게 하면 그것들 모두를 시로 표현할 수 있을지에 관해 생각했습니다. 간단히 말해 이들 세 사람은 똑같은 것을 경험했지만 반응은 제각각 판이하게 달랐습니다. 인간의 문제를 관찰해 보면 이와 동일한 차이점을 발견할 수 있습니다. 우리의 생각과 관찰, 우리의 목표, 우리가 그리는 우리의 자화상, 옛날 어린 시절에 받았던 인상, 우리의 문화적 배경, 우리의 가족상황 등—이 모든 요소들은 우리의 제반 노력의 결과에 영향을 미칩니다.

심지어 지그문트 프로이트Sigmund Freud와 같이 인간학에 대한 저명한 연구가조차 자기 주변세계가 지닌 편견을 벗어날 수 없었습니다. 예컨대 그는 존 슈트어트 밀John Stuart Mill을 높이 평가했습니다. 하지만 밀이 성性의 완전한 평등을 주장하자 프로이트는 그를 '미친' 사람이라고 불렀습니다. 프로이트에게는 가부장적 원칙이 그의 세계관의 한 부분을 차지하고 있었습니다. 그는 여자들을 남자들보다 열등한 존재로, 발육이 잘 안 돼 기형적인 모습을 띤 존재로 보았습니다.

이런 편견 때문에 프로이트는 사랑의 본질을 곡해했습니다. 그가 성적인 의미를 지나치게 강조한 것도 이 때문입니다. 프로이트는 모성애의 본질과 의미도 과소평가했습니다.

그렇다고 해서 이 때문에 프로이트의 의미가 축소되는 것은 결코 아닙니다. 인간의 본질에 관한 그의 체계적인 연구의 중요성이 희석되지도 않습니다. 그렇습니다, 우리는 인간존재의 난해함에 관해 그가 집중적으로 연구했다는 점을 높이 평가해야 할 것입니다. 그러나 동시에 우리는 가능하면 편견을 떨쳐 버리고—방법상에서든 내용상에서든—창조성에 더 많은 가치를 두어야 할 것입니다.

이런 점에서 볼 때 문학은 다양한 통계학적 연구들보다 더 유익할 수 있습니다. 독일 심리학자 붐케Bumke는 언젠가 이렇게 말했습니다. "진정한 작가 한 사람이 100개의 실험실과 1,000명의 학자들보다 심리학과 정신병리학을 더 풍요하게 만든다." 문학은 구체적이고 유일무이한 삶 속으로 들어가는 문을 열어 줍니다. 그에 반해 통계학은 일종의 일반화로, 인간으로 하여금 주어진 카테고리에 편입될 것을 강요합니다. 예컨대 『이 땅의 아들』이라는 리처드 라이트Richard Wright의 소설은 미합중국의 인종문제에 관한 많은 통계학적인 연구물들을 정독하는 것보다 독자에게 훨씬 큰 경험을 쌓게 해주고, 독자의 행동거지에 더 많은 영향을 미칠 수 있습니다.

10 권위적인 특징과 편견은 어떤 연관성이 있습니까?

아도르노Theodor W. Adorno의 연구에 의하면, 권위의식을 지닌 사람은 어떤 문화권에 속하든 간에 아주 일정한 행동 패턴을 지니고 있습니다. 권위의식을 지닌 사람들은 대체로 주어진 상황에 잘 적응합니다. 그들은 지배적인 사회구조를 고수하는 것이 최선의 길이라고 믿습니다. 이들 집단이 어떤 결정을 내릴 경우 그 누구도 이에 이의를 제기해서는 안 됩니다. 히틀러 치하의 많은 독일 사람들이, 그리고 무솔리니 치하의 많은 이탈리아 사람들이 반기를 들지 못한 이유도 바로 여기에 있습니다. 우리는 이런 사태를 방치해서는 안 됩니다. 우리가 왜 이런 집단의 멸시와 처벌을 감수해야 합니까?

그밖에도 권위의식을 지닌 사람들은 경직된 척도를 지니고 있습니다. 이들은 개방성과 관용성을 경멸합니다. 이들은 질서를 중요하게 여깁니다. 이들은 질서를 찬미할 뿐 아니라 경배하기까지 합니다. 그리고 낯선 요소들은 항상 거부합니다. 이것들이 행여 질서를 깨트리고 지금까지 익숙한 삶을 방해할 수 있다고 생각하기 때문입니다.

권위의식을 지닌 사람의 주요 관심사는 주위로부터 인정받는 것입니다. 이런 사람은 타인이 자기를 경외심을 가지고 바라보기를 원하지만, 자기보다 아랫사람은 경멸까지는 아니더라도 낮추어 보기 일쑤입니다. 권위의식에 젖은 사람은 자기보다 윗자리에 있는 사람과 자신을 일치시킬 수 있을 때면 자신이 강하고 더 안전하다고 느낍니다. 그는 자기가 억압할 수 있는 사람을 필요로 합니다. 그는 열등감을 가지고 있습니다. 자신이 권력의 정점에 도달할 수 없기 때문입니다. 그래서 그는 인도적 행위를 약점으로 치부합니다. 이런 사람에게는 이 세상이 적자생존의 장으로 여겨집니다. 그는 자신의 주장을 증명하기 위해 매번 생물학과 역사에서 논거를 끌어댑니다. 그의 견해에 따르면 신의 섭리는 승자의 편에 서 있습니다. 그는 강철 같은 의지와 가부장적 이념을 지닌 '우수민족Herrenvolk'의 윤리를 숭상합니다.

이런 사람들은 종종 부모의 온정과 사랑이 결핍된 경우가 많습니다. 유년시절의 이러한 차가운 분위기와 부모에 대한 애증이 그들 자신의 가슴속에 냉기를 불어넣습니다. 유명한 현대 정신병리학자 에릭 에릭슨Erik Erikson은 언젠가 어린 아이는 부모라는 초자아Über-Ich 위에 자신의 인생을 설계한다고 말했습니다. 의무를 강조하는 스파르타식 교육, 예컨대 프러시아에서 오랫동안 숙련된 교육은 대를 이어 융커Junker를 배출해 냈습니다. 이들은 자신이 신에 의해 선택된 인간이며, 따라서 다른 저능한 민족과 국민을 지배해야 한다고 믿었습니다.

권위의식에 젖은 사람은 종종 의무감을 강조합니다. 의무감은 자신의 인도주의 결핍에 대한 지속적인 둔사遁辭로 사용됩니다. 위선이 그의 생활의 기저를 이룹니다.

권위의식에 젖은 사람이 개인적으로 높은 가치기준을 지닐 수도 있습니다. 그러나 이런 사람은 자기보다 하위직에 있는 사람과의 관계에서는 가장 혹독한 독재자의 모습을 띱니다. 예를 들면 융커들 대부분은 절대 거짓말을 하지 않고, 자기의 사업파트너를 속이는 일이 없지만, 자기 하인이나 농부들은 노예 취급을 하며, 이들에게는 어떤 짓을 하건 양심의 가책을 느끼지 않습니다.

권위의식에 사로잡힌 사람은 혹독한 벌을 중히 여깁니다. 따라서 그들은 교육문제의 경우 규율이 학교의 최상원칙이라고 믿습니다. 정치에서는 모든 진보적인 입법을 거부합니다. 그리고 법정에서 범죄자를 재판할 때는 일벌백계의 본을 보여주어야 한다고 합니다. 권위주의에 빠진 사람은 원시성을 구현합니다. 자기 조상들과 마찬가지로 그는 토테미즘에 빠져 있습니다. 이를테면 이들 집단을 상징하는 깃발을 이들은 외경심에 차서 바라봅니다. 이들은 자신이 숭상하는 국가를 옛 부족국가의 사람들이 마법을 지닌 주술사를 숭상했던 것과 똑같이 신성시합니다. 권위의식에 사로잡힌 사람들은 자기 지도자를 완벽한 지혜와 통찰력으로 무장시킵니다.

권위의식을 지닌 사람들은 대체로 청결을 삶의 큰 미덕으로 생각합니다. 때문에 그들은 종종 집시라든가 유태인, 히피 그리고 흑인 등을 거부합니다. 왜냐하면 이들이 '깨끗하지' 않기 때문이라는 것입니다. 심지어 권위의식이 별로 많지 않은 나라에서도 이따금 청결 숭배주의가 뚜렷하게 나타납니다. 제2차 세계대전 중에 많은 미국 군인들은 프랑스 사람들보다 영국 사람들을 더 선호했습니다. 영국 사람들이 더 깨끗하고, 이들이 이른바 더 나은 위생시설을 갖추고 있다는 이유였습니다. 유태인 수용소의 감시병들은 그들의 깔끔한 외관을 자랑스럽게 여겼습니다. 자기네 제복이 수용소 수감자들의 더러운 누더기 죄수복보다 월등히 돋보였기 때문입니다. 이 감시병들은 죄수들이 빨래할 기회를 거의 갖지 못했다는 사실을 완전히 잊고 있었습니다.

권위의식을 지닌 사람들의 경우에 많이 나타나는 현상인 청결의 강요는 심리적으로 깊이 뿌리박힌 노이로제 때문이라고 심리학자들은 말합니다. 청결의 강요는 죄의식을 몰아내기 위한 절망적인 노력이라는 것입니다.

여러 연구들에 의하면 어떤 사람들은 성행위를 할 때 상대방이 사디스트처럼 행동하면 성적 쾌감을 느낀다고 하고, 어떤 사람들은 그와 반대로 자신이 사디스트가 됨으로써 성적 쾌감을 느낀다고 합니다. 권위의식에 찬 사람들은 대체로 이 두 성향을 동시에 지니고 있습니다.

권위의식을 지닌 사람의 노이로제는 전염성을 지니고 있어서 집단 히스테리를 유발할 수 있습니다. 그렇게 많은 독일 사람들이 "히틀러 만세! 만세!"를 외쳤던 것도 바로 이 때문입니다. 그들은 유태인의 피를 보는 것이 명예로운 일이라고 칭송하는 당가黨歌를 열광적으로 노래했습니다. 권위의식에 젖은 사람들의 이런 정신분열적 현상은 문명의 발전에 진정 커다란 위협으로 작용합니다. 겉으로는 예의범절을 중시하고, 문명의 선도자를 자처하지만 이들은 기실 진보의 적이요, 편견 덩어리로 뭉쳐 있는 사람들입니다. 이는 원시인들이 자기 자신 및 다른 사람들을 속이고, 항상 새롭게 싸움과 갈등을 유발하기 위해 가면을 쓰는 행위와 거의 유사합니다.

11 편견은 사회적으로 어떤 영향을 미칩니까?

편견은 대부분의 사람들에게 사회적 영향을 미칩니다. 우리는 보통 편견이란 개념을 유태인과 흑인 거부현상과 연결시킵니다. 하지만 이와 같은 차별이—비록 그렇게 대규모는 아니지만—노인과 장애인, 특정지역에 거주하는 사람들, 범죄자, 정신질환자 그리고 다른 여러 집단을 상대로도 이루어진다는 생각은 별로 하지 않습니다.

특히 노인들에 대한 거부감, 즉 편견이 심합니다. 노인들은 고립되거나 보호대상으로 여겨집니다. 노인들은 종종 어린애처럼 다루어지되, 어린애의 경우에 비해 사랑은 훨씬 더 결핍되어 있습니다. 유감스럽게도 '늙으면 노쇠한다'라는 슬로건이 너무 일상화되어 있습니다. 노인들 또한—비록 약간은 더 많은 노력을 기울여야 하지만—아직 더 공부할 수 있고, 젊은이들보다 더 고집스럽지도 않고, 흔히들 말하는 것처럼 그렇게 불평을 많이 늘어놓지도 않는다는 사실, 이러한 사실에 대부분의 사람들은 동의하지 않습니다.

우리가 많은 늙은이들을 그렇게 고립시키고, 인간다운 생활을 하기에 아주 부적절한 양로원을 짓는 한, 우리 사회로부터 버림받는 사람은 그만큼 더 늘어납니다.

인간의 사고와 행동은 대체로 그가 속한 사회로부터 영향을 받습니다. 늙은이들을 그렇게 대할 때 그들의 삶은 단조로워지고 절망과 고립에 빠지게 됩니다.

영국에서 온 한 자원봉사자는 몇 개월 동안 독일의 한 양로원에서 일했습니다. 그가 다시 귀국하자 사람들이 독일에서는 노인들을 어떻게 대하더냐고 물었습니다. 그의 대답은 다음과 같았습니다. "동물원에 갇힌 동물들과 크게 다를 바 없었습니다." 이런 상황은 세계의 도처에서 볼 수 있습니다. 곤궁한 노인들이 거들떠보는 이 없는 가운데 고독하게 세상을 떠나는 일이 비일비재합니다. 비엔나의 한 여의사가 노인들에 대한 의료지원이 부족하다는 사실을 지적하자 사람들은 그녀에게 비난의 화살을 퍼부었습니다. 지병을 앓거나 불치의 병으로 고생하는 노인들이 병실을 찾지 못하는 경우가 많습니다. 요양원이나 요양병원에 입원하기 위해 대기해야 하는 기간이 너무 길다 보니 속된 말로 이들이 뻗어 버리는 경우도 많습니다.

말로는 우리 사회가 어린이들을 아주 소중히 여긴다고 합니다. 하지만 법정은 매년 수천 명에 달하는 어린이 학대행위자들에 대한 재판을 합니다. 이들은 육체적으로만이 아니라 정신적으로도 어린이들을 학대합니다. 어른들이 어린아이에게 고함을 지르거나 아주 거친 소리로 학생들을 억압하는 경우를 우리는 종종 봅니다. 서구의 여러 지역에는 개보다 못한 삶을 사는 어린이들이 수두룩합니다. 어린이들에 대한 편견은 다음과 같은 양상으로 나타납니다.

- 어린 아이들은 어떤 일이 있어도 조용해야 합니다.

- 어린 아이들에게 호통을 치는 것은 많은 부모와 집주인 또는 선생들에게 일종의 교육방편으로 여겨집니다.
- 어린 아이들을 조용하게 하는 방법을 아는 부모들이 많지 않습니다.
- 어린 아이들은 종종 지나친 보상을 받음으로써 일찍부터 과도한 소비취향을 지니게 됩니다.
- 어린 아이들과 창조적인 대화를 나누는 부모는 모든 사회계층을 둘러보아도 찾아내기가 여간 어렵지 않습니다.
- 특히 중산층 이하에서는 오늘의 문화가 어린이들에게 거의 전적으로 텔레비전을 통해 전달됩니다. 책과 음악은 불필요한 사치품으로 간주됩니다.
- 질서가 어린이 교육의 최고 목표로 여겨집니다.

언젠가 16세기경의 비엔나의 주민 구성과 비슷한 미국의 어느 지역을 방문한 적이 있습니다. 한 부인이 동네 어린애들이 모험심을 발휘할 수 있는 놀이터를 만들어 주었으면 좋겠다는 생각이 들어 이웃 사람들을 불러 모았습니다. 어른들과 어린아이들이 여럿 모였는데, 안으로 들어가지 않고 그녀의 집 문 앞에 그냥 서 있는 것이었습니다. 저는 이 광경을 보고 이상한 생각이 들어, 왜 부인의 집 거실이 큰데 거길 이용하지 않느냐고 물었습니다. 그녀의 대답은 이러했습니다. "어린애들이 우리 집 가구를 손상시킬까 봐 그래요."

부모들로부터 억압을 받으며 자란 아이들, 창조적인 놀이를 할 수 없었던 아이들, 창조적인 놀이에 참여할 수 없었던 아이들은 대체로 훗날 편견에서 벗어나지 못한 삶을 살 가능성이 농후합니다.

청소년들에 대한 편견이 유난히 심한 것 같습니다. 오늘날 젊은 것들은 못되고 예의를 모른다고 말하는 사람들을 보면, 대체로 선입견이 강할 뿐 아니라 노이로제에 걸린 경우가 적지 않습니다. 〈이지 라이더Easy Rider〉라는 영화는 청소년들에 대한 거부감이 어떤 결과를 낳는지를 적나라하게 보여 줍니다. 카페에 앉아서 자유분방한 청소년들이 들어오는 것을 보고 증오와 적개심에 가득 찬 표정을 짓는 사람들은 대체로 언어와 행동, 옷차림이 자기네와 다른 사람들은 무조건 거부하는 '모범 시민'의 전형입니다.

편견은 장애인의 운명에 많은 영향을 미치고, 그들을 고립시킵니다. 어떤 지역의 인근에 장애아 시설 건립 계획이 수립되기라도 하면 그 지역 주민들은 결사적으로 반대합니다. 반대 캠페인이 얼마나 무서운지를 우리는 신문지상을 통해 알 수 있습니다. 이러한 주민들의 잔인성은 저 큐 클럭스 클랜Ku-Klux-Klan의 만행을 떠올리게 합니다.

특정지역의 거주자이거나 부랑인 보호시설에 산다는 것은 완전히 고립된 삶을 산다는 것을 의미합니다. 그렇게 되면 많은 일자리가 있음에도 불구하고 구직의 문은 자동적으로 닫히게 되며, 진정한 사회적 소통도 불가능해집니다. 비엔나의 플로리츠 마을의 이주민촌에 살거나 베를린의 시장 지역에 살든 아니면 시카고의 공동주택에 살든 상관없이 말입니다.

전과자들도 편견의 성으로 둘러싸이기는 마찬가지입니다. 내 친구 중의 한 사람은 절도죄로 복역을 했습니다. 출소한 후 그는 장사를 시작했고, 털끝만큼도 법에 저촉되는 일을 저지르지 않고, 모든 면에서 모범시민으로 살았습니다. 그는 아주 예쁘고 매력적인, 그러나 보수적인 성향이 강한 처녀를 사랑하게 되었습니다. 결혼을 얼마 앞두고 그는 자신의 전과 사실을 묻어 두기가 께름칙해서 그녀에게 비밀을 털어놨습니다. 그 말에 깜짝 놀란 그녀는 전과자와는 결혼할 수 없다고 말했습니다. 그는 그녀의 태도에 절망한 나머지 자살을 하고 말았습니다.

다방면으로 계몽운동을 펼치고 있음에도 불구하고 정신장애자들에 대한 편견은 아직도 크게 줄어들지 않고 있습니다. 루스 베네딕트Ruth Benedict는 『문화의 패턴』이란 글에서 진정한 정신질환자는 정신병원에 수용된 사람들이 아니라 인류의 정치적 사건에 대한 결정을 내리는 사람들 중에서 종종 찾아볼 수 있다는 결론에 도달했습니다. 데이비드 쿠퍼David Cooper는 그의 책 『정신병리학과 반정신병리학』에서 정신병 내지 심리적 파탄은 종종—건강한 정신의 징표라 할 수 있는—정상세계에로의 새로운 편입을 위한 토대가 될 수 있다고 말합니다. 이런 점에서 볼 때 많은 노이로제 증상은 이해할 수 있는 행동양태인 경우가 적지 않습니다. 이 경우는 대체로 정신과 의사들이 그릇된 진단을 내린 것입니다. 대체로 파괴적이고 편견에 가득 찬 진짜 노이로제 환자는 정상인의 가면으로 얼굴을 가린 사람들 중에서 종종 발견됩니다. 수년간 요양소에서 근무한 데이비드 쿠퍼는, 환자들을 연구대상으로 간주하고 치료하는 의사와 조교들이야말로 그들의 환자와 마찬가지로 당장 의사의 진찰을 필요로 한다는 결론에 도달했습니다.

12 편견은 사람을 자살로 이끌기도 합니까?

비엔나의 리겔Riegel이나 울름의 헨젤러Henseler 같은 자살 방면의 연구자는 건강한 삶을 영위하기 위해서는 자존감이 얼마나 중요한지를 규명해 냈습니다. 그러나 이렇듯 중요한 자존감이 가족이나 학교를 통해 이미 유년시절에 약화됩니다.

어린 아이에게 던지는 다음과 같은 말들은 경우에 따라서는 아이에게 엄청난 악영향을 미칠 수 있습니다.

- 넌 나빠, 점점 더 나빠진단 말이야.
- 넌 싹수가 노랗다.
- 넌 왜 네 형만 못하니?
- 넌 어리석어.
- 넌 우리 가문의 수치야.

살아가면서 한번 저지른 실수를 반복하는 경우가 많습니다. 집에서 받아들여지지 않는 아이와 학교에서 거절당하는 아이는 종종 자신을 망가트릴 가능성이 많아집니다. 자기파괴가 항상 자살로 끝나는 것은 아니지만, 자칫하다가는 아이의 창조성을 파괴하기 쉽습니다. 이렇게 되면 아이는 일생 동안 절망에서 헤어날 수 없게 됩니다.

제가 아는 한 여자는 아우슈비츠에 수감되어 있었습니다. 그녀는 비교적 건강하게 살아남은 몇 안 되는 사람 중의 하나입니다. 그녀는 미국으로 시집을 갔습니다. 그녀의 남편은 크게 출세를 했고, 그녀의 아들은 우수한 대학생이었습니다. 하지만 그녀는 악몽에 시달렸습니다. 그녀는 자신이 목격한 끔찍한 장면들을 잊을 수가 없었습니다. 그녀는 인간이 아주 작은 불법행위를 저질렀다고 교수형에 처해지고, 그녀의 친구들이 가스실로 끌려가는 것을 너무 많이 보았습니다. 그녀는 꿈속에서 감시병의 포악한 호령소리를 들었고, 바라크 — 그 속에서 20명의 여자들이 거의 몸을 움직일 수조차 없는 바라크를 보았습니다. 그녀는 살을 에는 추위가 몰아치는 겨울날들을 떠올렸습니다.

그녀는 진정제를 복용하며 이런 악몽을 떨쳐 보려 했지만 허사였습니다. 여러 정신과 의사를 찾았지만 이들도 그녀에게 도움을 주지 못했습니다. 끝내 그녀는 다량의 수면제를 먹고 자살하고 말았습니다.

오스트리아의 훌륭한 작가 슈테판 츠바이크Stefan Zweig가 자살한 사건도 널리 알려져 있습니다. 그는 브라질로 망명을 간 후 이 새로운 땅에 적응하지 못했습니다. 희망과 미래가 없는 세계에서 그는 더 이상 삶을 영위할 수가 없었던 것입니다. 츠바이크와 비슷한 처지의 망명객들 이외에도 그들보다 경제적으로 더 어려웠던 수많은 망명객들이 자살을 했습니다. 이들 모두가 커다란 편견의 희생자들입니다.

특히 노인들은 쉽사리 자살의 유혹을 받습니다. 사회적인 편견 때문인 경우가 많습니다. 젊은이들을 과대평가하는 문명은 필히 노인들을 학대하기 마련입니다. 여기서 노인들은 객체로 전락합니다. 여기서 노인들의 품위는 수시로 깡그리 무시됩니다. 노인들 중 많은 사람들은 소통능력을 상실하고 있습니다. 그래서 그들은 고독이라는 병을 앓고 있습니다. 이런 상황이 노인들을 더 아프게 합니다. 왜냐하면 그들은 젊은이들보다 사람들과의 교류가 더 필요하고 더 많은 자극이 필요하기 때문입니다.

제2차 세계대전 이전에는 일본에서 노인들이 자살을 하는 경우가 거의 없었습니다. 가족연대가 무너짐으로써 노인들에 대한 존경심과 배려가 줄어든 오늘날 일본의 자살률은 유럽과 꼭 같아졌습니다.

얼마 전에 저는 한 양로원에 가서 80세의 여성과 이야기를 나눈 적이 있습니다. 그녀는 자기 조카를 기다리고 있었습니다. "일요일마다 저는 그 아이가 오기를 기다려요. 하지만 저는 착각하지는 않아요. 그 애는 단지 제 유산에만 관심이 있거든요. 그 애는 저를 공룡취급 해요. 하지만 그 애는 제게 남은 유일한 핏줄이에요. 저는 너무너무 고독해요. 그래서 그 애가 오면 제 단조로운 삶이 잠시나마 중단된답니다. 정말이지 저의 생사에 관해서는 그 누구도 관심을 갖지 않아요!"

겉보기에 그 양로원은 전혀 후진 양로원이 아니었습니다. 시골지역에 위치해 있었는데, 인근에 커다란 공원이 있었고, 간병인들도 친절해 보였습니다. 그러나 미적이고 지적인 자극은 기대하기 어려운 곳이었고, 사회적인 활력도 찾아보기 힘들었습니다. 이곳에서의 삶은 단조롭기 그지없었습니다. 이 양로원은 다른 양로원에 비해 많은 장점을 지녔음에도 불구하고 매년 일련의 자살자들이 나왔습니다.

13 상투적 사고는 왜 그렇게 위험한가요?

언젠가 월터 리프먼Walter Lippmann은 상투어Klischee를 '우리 머릿속에 잠재된 이미지들'이라고 정의했습니다. 대체로 이 이미지들은 현실과 일치하지 않습니다. 그릇된 이미지들은 어쩌면 유년 시절에 형성되어 일생 동안 배양되는지도 모릅니다.

매우 창조적이고 선량한 한 의사친구가 있었는데, 이 친구가 저에게 자신의 유년시절과 자신이 자란 마을에 관해 이야기했습니다. 이 마을은 인종차별이 거의 없는 지역이었습니다. 그러나 그가 네 살 되던 해 어느 날 공원에서 놀고 있는데 한 아이가 소리쳤습니다. "더러운 깜둥이 놈아!" 이 일은 그가 저와 만나기 30년 전에 일어났지만 그는 아직도 그 욕을 잊지 못하고 있었습니다. 그 당시 그가 집으로 돌아와 자기 어머니에게 그 말이 무슨 뜻이냐고 물었으나, 어머니는 만족할 만한 대답 대신에 몇몇 사람들은 흑인을 좋아하지 않는다고만 말했습니다. 내 친구는 일생 동안 백인들을 믿지 못했습니다. 백인들은 언제고 그에게 등을 돌릴 수 있는 사람들이고, 그의 자존감을 해칠 수 있는 사람들이었습니다. 그는 유년시절의 경험이 반복될까 봐 본능적인 두려움을 가지고 있었던 것입니다.

우리는 우리의 상투어가 직간접적으로 편협성을 조장한다는 사실을 알아야 합니다. '깜둥이'라든가 '외국 놈', '유태인 자식' 등이 이에 속하는 단어들입니다. 예컨대 우리가 '검다'라는 단어를 사용할 경우 우리는 부정적인 어떤 것을 연상하게 됩니다. "어떤 사람이 검은 영혼을 지니고 있다"라고 우리가 말할 경우 우리는 그가 나쁘다는 생각을 하게 됩니다. 그에 반해 흰색은 깨끗하다는 느낌을 줍니다. 예컨대 신부의 하얀 드레스는 순결을 상징합니다.

많은 교과서에서 우리는 아직도 윤색된 인종주의를 만나게 됩니다. 미국의 학생들이 새 교과서를 요구하며 농성했습니다. 그들이 요구하는 새 교과서는 인종차별의 실상을 적시하고, 백인종의 숭고함을 강조하지 않는 그런 교과서였습니다. 비엔나의 저개발국문제연구소는 독일과 오스트리아의 교과서들을 점검해 본 결과 아프리카 여러 나라에 관한 정보가 일방적이고 편견에 가득 차 있음을 밝혀냈습니다. 많은 일간지에는 저개발국 원조가 세금낭비라는 견해를 피력하는 기사가 실리고 있습니다. 이런 비난 뒤에는 지독한 인종주의가 숨겨져 있습니다.

상투어는 쉽사리 사람을 모함합니다. 예컨대 스탈린 치하의 러시아에서는 반대자들을 반혁명분자로 낙인찍었습니다. 이들의 행동은 위험하고 전염성이 강한 유행병으로 치부되었습니다. 비난의 대상이 된 사람들 중에는 볼가 강 지역에 거주하는 독일인들도 있었고, 몇몇 유태인 의사와 장교들 다수 그리고 외국과 '너무 많은' 접촉을 하는 저널리스트들, 옛 유태인 수용소에 수감되었던 사람들, 한마디로 스탈린의 무오류성에 동조하지 않은 사람들은 모두가 비난의 대상이 되었습니다. 반혁명분자로 낙인찍히자마자 그들은 정당한 법적 권리를 행사할 수 없었습니다. 그리하여 그들은 온갖 괴로움을 당했습니다. 그들은 시베리아로 유형을 가야 했는가 하면, 살해당하기도 했습니다. 이 모든 것이 국가안보를 위한 조치가 아니었던가요? 이 모든 것이 반혁명적 요소들을 분쇄하고, 혁명의 승리를 확고히 다지기 위한 조치가 아니었던가요?

소설 『이반 데니소비치의 하루』와 『수용소 군도』에 기록된 솔제니친의 보고를 들으면 우리는 깜짝 놀랄지도 모릅니다. 하지만 그 정도는 약과입니다. 한 사회가 개인주의자들을 이단자라고 경시하고, 이들 모든 집단을 잠재적 반역자로 몰아세울 경우 조직적인 마녀사냥의 문이 열리게 됩니다.

보다 건설적인 미래를 맞이하려면 우리는 슬로건이나 선동에 휘둘리지 말아야 합니다. 인간은 그가 속한 집단에 의해 정의될 수 없습니다. 인간은 그의 세계관이나 피부색, 국적 그리고 종교에 의해 프로그래밍되지 않습니다. 인간은 유일무이한 존재입니다. 한 인간을 싸잡아서 평가한다는 것은 진실을 왜곡하는 행위입니다. 진실은 복합적이고 다원화되어 있으며, 계속해서 변화하기 때문입니다.

좀 더 구체적으로 말해 보겠습니다. 흑인이든 백인이든 젊었거나 늙었거나 러시아인이든 미국인이든 유태인이거나 신교도이거나 구교도이든 간에, 사람의 됨됨이를 단순하게 그들이 속한 사회나 사회적 배경을 통해 규정해서는 안 된다는 것입니다. 우리의 유일성과 우리의 개성이 강조되어야 합니다. 우리는 다른 사람들이 우리의 실재實在의 모습을 바라보기를 원합니다. 이를테면 약점과 강점, 능력과 결함 그리고 소망과 거부감 등, 우리가 지닌 이런 요소들을 모두 통틀어서 우리를 바라보아야 한다는 말입니다. 우리는 인간으로 받아들여지기를 원하지 추상으로 받아들여지기를 원하지 않습니다.

그리스의 한 철학자는 언젠가 그가 어느 나라 사람인지를 묻는 질문을 받았습니다. 그의 대답은 이러했습니다. "저는 세계의 시민입니다." 이것이 곧 해방을 지향하는 정신이요, 전 세계적인 우정을 지향하는 정신입니다.

14 비판과 편견의 연관성은 어디에서 찾을 수 있습니까?

20세기 미국의 저명한 소설가들 중의 한 사람인 싱클레어 루이스Sinclair Lewis는 미국인들의 특성에 관한 걸출한 글들을 남겼습니다. 그의 마지막 작품들 중 몇 편, 이를테면 『고독한 전사』 같은 작품은 호된 질책을 받았습니다. 그를 싫어하는 몇몇 비평가들의 서평은 악의가 담겨 있었습니다. 그의 묘사는 과장되지 않았는가? 그는 항상 같은 것을 반복하지 않는가? 그의 작품에는 심미적 깊이가 결여되어 있지 않은가? 심지어 어떤 평론가는 그의 문체가 대학 1학년 수준밖에 안 된다고 혹평했습니다. 이러한 비평들 때문에 괴로워하던 루이스는 끝내 알코올중독증에 빠져 자존감을 잃고 말았습니다. 그가 이탈리아로 망명을 떠난 것도 바로 이 때문이었습니다. 그는 끝내 좌절에서 벗어나지 못했습니다. 이해와 격려가 가장 필요한 상황에서 그는 비평가들의 날카로운 공격을 받음으로써 자신감을 잃고 만 것입니다. 비평가들은 앞다퉈 그가 극히 평범한 작가임을 입증하려고 했습니다.

평범한 비평가와 진정 창조적인 사람 사이에는 엄청난 차이가 있습니다. 비평가는—예술분야든 학문분야에 있어서든 간에—극히 제한된 성공을 거둘 수밖에 없습니다. 그의 세계는 좁습니다. 그는 과거에 묻혀 살고 있습니다. 그의 삶에서는 의식적이든 무의식적이든 간에 질투가 중대한 역할을 합니다. 다른 한편으로 진정 창조적인 사람은 개방된 전망을 지니고 있습니다. 그는 미래를 선취하고 있습니다. 그는, 니체의 말을 빌리면, '모래에' 살고 있습니다. 그는 종종 매우 의식적으로 카오스를 만들어 냅니다. 그는 비평가보다 훨씬 더 큰 위험을 극복할 수 있습니다. 예술가는 풍요의 정신을 구현합니다. 왜냐하면 그의 세계는 광활하기 때문입니다. 그에 반해 비평가는 유감스럽게도 종종 자신의 주제主題를 의식하지 못합니다. 형식적인 비평으로 인해 철학과 자연과학, 미술, 건축, 시 그리고 소설 분야의 위대한 개혁이 지연되는 것은 당연합니다.

막스 플랑크Max Planck가 양자이론을 펼쳤을 때 한 비평가는 강의실을 떠나면서 다음과 같이 외쳤습니다. "여러분, 저건 자연과학이 아닙니다!" 미국에서 윌리엄 제임스William James가 실용주의 이론을 펼치자, 비평가들은 그가 일반 사람들한테는 인기가 있을는지 모르겠으나 진정한 철학자는 못된다고 비난했습니다. 프랑크 로이드 라이트Frank Lloyd Wright가 새로운 건축양식을 개발해 내자 그의 많은 동료들은 그가 예술을 왜곡시킨다고 비난했습니다. 지그문트 프로이트에 대한 혐오감들 또한 널리 알려져 있습니다. 그가 살아있을 때 그랬듯이 오늘날에도 그에 대한 혐오감은 여전히 불식되지 않고 있습니다. 예컨대 자기 분야에서 커다란 능력을 발휘하는 비엔나의 한 유명한 심리학 교수는 프로이트의 업적을 그의 강의 시간에 다음과 같은 각주로만 언급했습니다. "프로이트의 업적은 아직 학문적으로 충분히 검증되지 못했다."

언젠가 저는 유명한 철학교수 한 사람을 만났습니다. 그는 특히 논리적 경험주의와 과학철학 분야를 집중적으로 연구했습니다. 그가 말하기를, 자신이 대학에 다닐 때만 해도 그러한 사유는 비철학적이라고 무시당했다는 것입니다. 하지만 그는—그의 사유를 관철시키고 대학에서 명성을 얻은 후인 지금에 와서—자기 자신도 똑같은 짓을 하고 있다는 사실을 토로하는 걸 잊고 있었습니다. 그 역시 다른 사람들의 이념과 생각을 대수롭지 않게 여기고 있었습니다.

비평가는 대체로 자신이 객관적이라고 믿고 있습니다. 그는 진실은 보호되어야 한다고 말합니다. 그는 자신의 판단이 옳다고 확신합니다. 그러나 실상 그는 종종 편견에 사로잡혀 있습니다. 그는 다만 편견을 자신의 의식에서 무의식으로 밀어내고 있을 뿐입니다. 그 때문에 예컨대 예술가는 비평가가 자신의 좌절감을 투사시키는 속죄양이 됩니다.

우리는 관용정신을 가르치지 않습니다. 우리는 이해의 표본을 만들려 하지 않습니다. 우리는 개혁자들을 격려해 주지 않습니다. 그 결과는 어떨까요? 예술가는 다소간 우리 사회의 외곽에 내몰려 있습니다. 오스트리아에는 다음과 같은 속담이 있습니다. "창조적인 사람이 우리나라에서 인정을 받기 위해서는 우선 외국, 특히 독일이나 미합중국으로 갔다 와야 한다."

예술가가 죽자마자 우리는 매우 관대해집니다. 싱클레어 루이스를 그가 살아있을 때에는 혹독하게 비판했던 비평가 몇 사람이 그가 세상을 떠나자 거리낌없이 그를 위대한 미국 작가라고 치켜세웠습니다.

15 교수님은 편견이 실제로 세계 도처에 만연해 있다고 말씀하셨습니다. 교수님은 이 주장을 증명하실 수 있습니까?

이 문제가 얼마나 심각한지를 알아보려면 아시아 쪽으로 눈길을 한번만 돌려도 됩니다. 인도의 경우 빈민들의 생활환경은 비참하기 이를 데 없습니다. 힌두교도와 이슬람교도 간의 싸움에서 희생된 사람은 수백만에 이릅니다. 스리랑카에서는 싱하레젠과 타밀집단 간의 싸움이 끊이지 않습니다. 그런가 하면 방글라데시에서는 벵갈족이 끔찍한 박해를 당했으며, 근래에 와서는 비하리족이 엄청나게 학살당했고, 살아남은 사람들은 집단수용소에서 힘들게 목숨을 연명해 가고 있습니다. 미얀마에서는 카렌족들이 더 많은 권리를 가지려 하고, 파키스탄에서는 파탄족이 독립을 요구하고 있습니다. 소수 중국인들은 엄청난 박해를 당하고 있습니다. 그들은 특히 태국과 말레이시아, 인도네시아, 필리핀 등지에서 심한 차별을 받고 있습니다. 1965년에 인도네시아에서 일어났던 봉기가 실패로 돌아갔을 때 3만 5천 명에 달하는 중국인들이 학살당했고, 수천 명이 집단수용소로 끌려갔습니다.

보르네오 서부 지역에는 2만 5천 명에 달하는 중국인 농부들이 거주하고 있는데, 그들 대부분은 극빈자들입니다. 거의 천 명에 달하는 중국인들이 정치범으로 쿠칭 인근에 감금당했습니다. 1948년과 1960년 사이에 백만 명이나 되는 사람들이 이른바 새 마을로 이주되었는데, 이곳은 황량하기 그지없는 지역으로 유태인집단수용소와 다를 바 없습니다. 이 이주민 대부분은 중국 사람들입니다. 필리핀에서는 이슬람교도들이 정기적으로 박해에 시달리고 있습니다. 타우젝스Tausegs, 즉 마오쩌둥 사상을 신봉하는 무슬림 집단은 오래전부터 그들 자신의 독립 공화국을 건설하고자 합니다.

유럽, 특히 독일과 프랑스, 오스트리아 그리고 스위스에 거주하는 외국인 노동자들의 생활환경은 대체로 열악하기 이를 데 없습니다. 그들은 형편없는 급료를 받으며, 인간 이하의 생활을 하고 있습니다. 게다가 주민들은 그들을 백안시하고 불신합니다.

인종주의 성향을 지닌 정치가들이 대단한 인기를 끌고 있는 영국에서는 유색인 이주민들이 심한 차별을 받습니다. 북구北歐에서는 신교도와 구교도 간의 갈등이 극단으로 치달아 수백 명의 희생자를 내면서 계속되고 있습니다. 양쪽 모두 마피아를 연상케 하는 매복전술을 펼칩니다.

반유태주의는 바로 지금 진행 중입니다. 독일이나 오스트리아에서뿐 아니라 다른 여러 유럽국가에서도 그렇고, 미합중국과 근동지역에서도 마찬가지입니다. 근동지역에서는 이스라엘 국가가 아랍 여러 나라들로부터 심각한 저항을 받고 있습니다. 동시에 이스라엘 사람들도 아랍 사람들에 대한 편견을 지니고 있습니다. 그들은 아랍인이 무식하고 열등한 민족이라고 생각합니다. 그런가 하면 유럽에 거주하는 유태인들은 검은 피부색을 지닌 사람들, 특히 예멘 출신의 유태인들을 깔봅니다.

미합중국에서는 인종차별이 계속되고 있습니다. 백인들은 주로 흑인과 인디언, 멕시코인, 푸에르토리코 사람들을 차별합니다. 남미의 여러 지역에서는 인디언들이 이미 거의 사라졌습니다.

키프로스는 편견이라는 비극의 고전적 표본입니다. 이 비극은 이 섬 주민들 모두(그리스인과 터키인)에게 참혹한 고통을 안겨 주었습니다.

로디지아와 남아프리카는 인종주의의 고전적 아성입니다. 소수부족에 대한 박해는 검은 아프리카의 여러 나라에서 일상화되어 있습니다. 특히 우간다, 에티오피아, 루안다, 부룬디, 자이레와 나이지리아에서는 수십만에 달하는 사람들이 이미 죽었고, 그보다 더 많은 사람들을 피난민으로 만들었습니다.

마르크스주의 국가인 유고슬라비아 같은 나라에서도 편견은 작동하고 있습니다. 이곳에서는 세르비아인과 크로아티아인들 사이에 반목이 심하고, 오스트리아 같은 중립국에서도 슬로베니아인은 동등한 권리를 인정받지 못하고 있습니다. 순수 파시즘 독재국가인 파라과이에서는 인디언 원주민이 끔찍한 운명에 처해 있습니다. 그런가 하면 민주주의의 유구한 전통을 지닌 뉴질랜드에서도 이런 만행이 자행되고 있습니다. 이 나라에서는 마오리족이 차별대우를 받고 있습니다.

미국의 인디언은 어떤가요? 여기서는 이들의 권리를 보장하기 위한 수백 개의 조약이 체결되었습니다. 하지만 수많은 인디언들은 정부지정 원주민 거류지로 쫓겨나 인간다운 삶을 영위하지 못했습니다. 이곳에서의 생활은 이들로 하여금 삶의 의욕을 떨어트리게 하여 자살률이 백인들에 비해 갑절이 되었습니다. 이들이 가장 치욕적으로 생각한 것은 수많은 영화들이 이들을 호전적인 인간으로 묘사한 것이었습니다.

실제로 이들은 숱한 조약 파괴와 조직적인 집단 학살의 희생자들이었습니다. 집단 학살은 아이들과 유부녀를 가리지 않았습니다. 인디언에 대한 그 밖의 상투어를 적시하면 아래와 같습니다.

- 인디언은 게으르다.
- 인디언은 불결하다.
- 인디언은 거칠다.

이런 표현은 다른 여러 나라에서도 찾아볼 수 있습니다. 이를테면 일본에서는 한국 사람들을 이렇게 표현하고, 베트남에서는 몽타냐르족Montagnard을, 그리고 이라크에서는 쿠르드족을 이렇게 표현합니다. 이들 모두가 실패작이라는 오명을 뒤집어쓰고 있습니다.

소수집단은 이중으로 불이익을 당합니다. 모든 문들이 닫혀 있기 때문에 기회균등은 이루지 못할 꿈에 불과합니다. 동시에 이들은 이들의 결함 때문에 무시당합니다. 그러나 이 결함은 대체로 이들을 학대하는 다수집단에 의해 유발된 것입니다.

증오는 빠른 속도로 전파된다는 점을 상기시켜 드리고 싶습니다. 히틀러는 유태인만 학살한 것이 아닙니다. 그의 분노는 장애인, 집시, 슬라브인, 자신과 이념을 달리하는 사람들에게까지 미쳤습니다. 그의 머릿속에는 우수민족만이 자리하고 있었습니다. 그 밖의 다른 민족들은 모두 노예들이거나 제거되어야 할 대상이었습니다.

슬픈 일은 억압당했던 사람들이 다시금 억압자가 된다는 사실입니다. 이를테면 히틀러 치하에서 그렇게 박해를 받았던 프랑스 사람들이 제2차 세계대전이 끝난 후 프랑스 식민지 알제리에서 히틀러와 똑같은 억압수단을 사용한 것입니다. 나치 친위대가 사용했던 방법이 프랑스 비밀경찰들에 의해 정제되어 사용되었습니다. 정치범들에 대한 고문은 때로는 더욱 잔인했습니다. 프랑스의 국수주의 옹호자들은 알제리 사람들이 열등하기 때문에, 그리고 고차원의 문명을 보호하기 위해 이 모든 만행이 이루어졌다고 변명했습니다.

최근에 와서 프랑스에서, 특히 프랑스의 남부지역에서 알제리 사람들과 프랑스인들 간의 갈등이 자주 머리기사로 보도됩니다. 알제리가 독립되자 수많은 알제리 사람들이 프랑스로 밀려들었습니다. 왜냐하면 알제리의 경제사정이 매우 열악했기 때문입니다. 알제리의 독립 기운이 한창 고조될 무렵 알제리를 떠나야 했던, 그러니까 알제리에서 추방된 프랑스인들뿐 아니라 알제리 노동자들을 경쟁자로 두려워했던 프랑스의 하층민들조차 알제리 이주민들을 적대시했습니다. 특히 마르세유에서는 양자 간의 갈등이 거의 노골화되기도 했습니다. 범죄가 연이어 일어날 때마다 프랑스인들은 알제리 노동자들이 그 배후에 있을 것이라는 추측을 했습니다. 알제리 노동자들의 비행과 범행이 몇몇 신문을 통해 과장되어 보도됨으로써, 일반 독자들은 알제리 사람들은 대체로 극빈층에 속하고 폭력과 범죄적 성향이 짙은 사람들로 인식하는 경향이 심해졌습니다.

지금까지 열거한 것들은 편견의 몇 가지 사례에 불과합니다. 편견이 아주 빈번하게 작동하는 경우를 떠올려 보거나, 노인과 장애인, 동성애자, 자유분방한 젊은이들, 전과자들, 정신장애자들 그리고 정치적 성향이 다른 사람들 등을 적대시하는 현실을 생각해보면, 편견은 정말이지 골치 아픈 문제, 인류의 재앙을 부르는 문제라 아니할 수 없습니다.

2

편견의 전개 양상

1 많은 사람들이 흑인은 내세울 만한 문화를 지니고 있지 않다고 생각합니다. 이런 생각은 옳은 것인가요?

그런 견해는 극히 잘못된 것으로, 문화에 대한 편협한 사고방식에서 비롯된 것입니다. 유럽이나 미국에서 아프리카 역사는 등한시되거나 연구대상에서 아주 제외됩니다. 몇몇 학자들이 이집트 역사에서 흑인에 관한 정보를 조금 얻기는 합니다만, 이집트에서 흑인종족들의 수가 굉장히 많았다는 사실을 아는 사람이 얼마나 될까요? 에티오피아와 이집트 사이에 긴밀한 왕래가 이루어졌다는 사실을 아는 이가 몇 명이나 될까요? 예컨대 흑인 파라오 피안키Piankhy가 위대한 통치자로 국가운영을 뛰어나게 잘 했다는 사실을 누가 알고 있을까요?

피안키의 후계자 샤바카Shabaka는 세계역사상에서 가장 탁월한 지도자 중의 한 사람입니다. 그는 신하들을 공평무사하게 대한 군주의 한 전형이었습니다. 그는 이미 그 당시에 사형제도를 폐지했습니다. 그의 법률제도는 오늘날 여러 국가들의 그것보다 훨씬 개화된 것이었습니다.

아프리카의 흑인문화는 수천 년을 거슬러 올라갑니다. 석기시대의 흑인들은 도기제작 기술을 개발했습니다. 고고학자들은 약 8000년 전에 살았던 이스홍고Ishongo 흑인들이 곱셈법의 여러 방식을 포함한 수학형식을 알고 있었음을 확인해냈습니다. 사하라에서는 적어도 5000년

전에 흑인들에 의해 새겨진 암각화가 발굴되었는데, 그 표현의 디테일이나 정밀도가 스페인의 알타미라에서 발굴된 선사시대의 암각화와 우열을 가리기 힘들 정도입니다.

이집트의 문화, 특히 남부 이집트의 문화는 주로 흑인문화의 영향을 받았습니다. 수단은 사상思想과 물품 교류에서 결정적인 역할을 했습니다. 아프리카뿐 아니라 세계의 다른 지역에서도 흑인들은 전술戰術과 예술로 유명합니다.

일본의 사카노우에노 다무라마로는 특히 넓은 안목과 뛰어난 전술을 구사한 흑인 장군으로 유명합니다. 서기 615년경에 사망한 흑인 시인 안타르Antar는 아라비아의 귀족과 그의 여자 노예 사이에서 태어난 아들이었는데, 사랑과 전쟁의 덕목에 관한 그의 시는 위대한 백인 시인들과 견주어도 손색이 없습니다.

중세의 아프리카, 이를테면 말리 같은 나라는 발전된 대제국의 귀감이었습니다. 이 나라의 사회시설을 살펴볼 기회를 가진 사람들은 거대한 건축물들과 신축성 있게 운영되는 사회제도에 깊은 감명을 받곤 하였습니다. 이 나라에서는 정의가 순조롭게 실현되고 있었습니다. 말리의 술탄은 자신이 한 짓을 뉘우치는 죄인들은 본보기로 사면해 주었습니다.

순디아타 케이타Sundiata Keita는 말리의 정치적 지배력을 신장시켰으며, 무사Musa는 천일야화의 한 인물을 연상시킵니다. 1324년에 무사는 신하 1만 2천 명을 거느리고 메카로 순례의 길을 떠났습니다. 그는 그곳에서 수천 파운드에 달하는 금을 희사했습니다. 그가 통치하는 동안 예술이 꽃을 피웠고, 웅대한 건물들이 팀북투 같은 도시를 필두로 수단의 여러 도시에 세워졌습니다.

말리가 쇠퇴할 무렵 아프리카에는 송하이Songhay 왕국이 발흥했습니다. 이 왕국의 위대한 통치자는 아스키아 모하메드Askia Mohammed였는데, 그는 1493년과 1512년 사이에 그 규모가 유럽보다 더 넓은 왕국을 세운 것입니다.

아스키아는 선행과 관용의 모범을 보였으며, 새로운 아이디어들을 적극 수용했고, 넓은 아량으로 교육진흥에 힘썼습니다. 수도 팀북투는 그 당시의 유럽 어느 수도보다도 뛰어났습니다. 10만 주민이 거주하던 이 도시에는 저명한 대학이 하나 있었는데, 이 대학은 특히 의학 분야에서 두각을 나타냈습니다. 이 대학의 의과대학생들은 명성이 자자했습니다. 이 나라에서는 서적판매가 다른 어느 사업보다 많은 수익을 올렸습니다.

역사가 에스 사디Es Sadi는 이 대학에서 공부하기 위해 아프리카의 전 지역에서 학생들이 몰려들었다고 기술했습니다. 사디의 서고에는 1,500권이 넘는 책들이 소장되어 있었습니다. 그의 보고에 의하면 아주 유능한 의사들은 백내장 수술도 했다고 합니다. 그것도 성공적으로 말입니다.

팀북투는 도시계획이 잘 되어 있어 살기가 쾌적했습니다. 이 도시의 주민들은 음악공연이나 연극공연 등을 관람하며 그 당시 생활에서 누릴 것은 다 누리고 살았습니다. 아프리카의 많은 국가들의 사회시스템은 몇몇 현대 유럽국가들보다 발전된 곳도 종종 있었습니다. 환자들을 잘 보살펴 주고, 노인들을 공경했습니다. 이들 국가의 지방은 지역공동체로 구성되어 있었습니다. 사랑으로 뭉친 가족연대가 오늘날까지도 지속되고 있는데, 이 가족연대가 백인들의 학대 속에서 오아시스를 형성하고 있습니다.

피카소 같은 화가들은 옛 아프리카의 기하학적인 예술에서 영감을 받았습니다. 강렬한 리듬과 참여를 촉발하는 아프리카 음악은 현대 작곡가들의 영감을 끊임없이 자극하는 원천이었습니다.

예술은 결코 엘리트 그룹의 전유물이 아니라, 모든 국민을 하나로 뭉치게 하는 수단이었습니다. 그리고 춤은 개인의 열정을 표현하는 형식이었을 뿐 아니라, 부족을 하나로 묶는 기본요소였습니다.

저는 미국 흑인 신자들의 예배에 참여한 적이 있습니다. 흑인교회들이 얼마나 개방적이며, 신도들의 영성이 얼마나 강하고, 그들의 열광적인 참여가 얼마나 감동적인지 상상하기 힘들 것입니다.

대부분의 흑인 아이들의 성장과정도 우리를 감동시킵니다. 사회적 조건이 극히 열악하고 가난에 찌들어 있음에도 불구하고 부모들은 아이들을 아껴 주고 사랑으로 보듬어 줍니다. 그와 반대로 백인 부모들은 자기 자식들을 얼마나 차갑게 대합니까!

우리는 문화를 주로 물질적이고 학문적인 잣대로 재려 드는 오류를 범하고 있습니다. 진심에서 자발적으로 우러나오는 감정이 물질과 학문보다 더 큰 문화의 척도가 되어야 할 것입니다. 진심이 결여된 문화는 피상적인 문화요, 진심이 없는 문화는 진정한 발전을 이룰 수 없습니다. 진심이 결여될 경우 필연적으로 오만감이 앞서게 마련이고, 이 오만감은 불화의 온상이 됩니다.

그러한 진정성과 자발성을 우리는 아프리카의 흑인들에게서 종종 발견하게 됩니다. 최근에 저는 탄자니아에서 개발도상국 자원봉사자로 일한 한 오스트리아 여성과 이야기를 나눈 적이 있습니다. 그곳에서 그녀는 문명의 혜택을 전혀 받지 못하는 한 밀림지역에서 며칠을 보냈습니다. 그녀는 그곳에서 한 나이든 미망인을 만났는데, 이 미망인이 자기 천막집에서 함께 지내자고 그녀를 초대했습니다. 이 여자는 가난했음에도 불구하고 자기가 가진 것을 오스트리아 처녀와 아낌없이 함께 나누었습니다. 이 흑인 여자는 처녀의 부모가 어떤 천막집에서 사느냐고 묻고, 처녀의 부모도 아프리카로 모셔 오라고 제안했습니다. 그러면 모두 함께 모여 잘살 수 있을 것이라고 했습니다. 그녀는 자기가 가진 것은 무엇이든 함께 나누어 쓰게 하겠다고도 말했습니다.

두 사람이 서로 헤어지기 전에 흑인 여자는 유럽에 있는 처녀 부모의 '천막집'도 한번 찾아가 보고 싶다고 말했습니다. 그녀는 유럽에서도 자기가 진심 어린 융숭한 대접을 받으리라는 기대를 하고 있었습니다. 처녀는 — 입국절차상의 여러 어려움을 포함해서 — 그녀의 방문을 주선하기가 그렇게 간단하지 않다는 것을 설명하는 데 오랜 시간이 걸렸습니다. 어느 쪽이 진정 더 개화되어 있습니까?

2 개인의 편견은 주로 발설된 언어를 통해서 표현되는 건가요?

흑인 친구들은 편견이 그들의 전 생애에 얼마나 큰 영향을 미쳤는지를 저에게 이야기해 주었습니다. 편견은 언어를 통해서만이 아니라 제스처와 얼굴표정을 통해서도 나타날 수 있습니다. 예컨대 어떤 흑인은 초등학교 시절에 한 백인 여선생이 자기가 교실에 들어올 때마다 창문을 열었다고 전했습니다. 그녀는 그가 목욕을 안 해 더럽다는 것을 그렇게 표현한 것입니다. 이제 성인이 된 그 흑인은 매일 두 번씩 목욕을 하고 강한 향수를 사용합니다. 선입견을 지닌 그의 여선생의 인상이 그토록 그에게 강렬하게 각인되어 있었던 것입니다.

제 친구 한 사람은 선행을 위해 거금을 아끼지 않았습니다. 그는 자기가 언제나 흑인과 백인을 가리지 않고 파티에 초대한다고 역설했습니다. 하지만 저는 그가 어떤 흑인 예술가를 맞이하면서 "난 당신들 흑인을 좋아합니다"라고 말하는 것을 들었습니다. 그 친구 딴에는 자기가 개화되었다고 생각했는지 모르겠지만, 실은 그의 말 자체가 편견을 상징적으로 드러내 보였습니다. 우리는 보통 손님을 맞이할 때 스위스 사람이나 프랑스 사람들을 앞에 두고 "우리는 당신들 스위스(프랑스) 사람을 좋아합니다"라고 말하지 않습니다. 흑인에 대한 과장된 애정표현을 통해 그의 편견이 드러난 것입니다.

편견은 우리의 의도와 의사표시를 통해 드러나기보다는 우리의 실제 거동을 통해 드러납니다. 우리가 의식하고 있는 생각들은 우리가 지닌 생각 전체의 일부에 지나지 않습니다.

편견에 차 있는 사람의 행동을 통해 우리는 그 자신의 콤플렉스를 여러모로 들여다 볼 수 있습니다. 여기서 우리는 종종 그의 어린 시절의 경험 속으로 들어갈 수 있는 열쇠를 찾아내기도 합니다. 예컨대 "흑인과 푸에르토리코 사람들은 지저분하다"라고 누가 말하는 것을 들으면, 그런 거부감은 대체로 그가 어린 시절에 경험했던 성적 항문쾌감Anal-Fixierung에서 그 원인을 찾을 수 있습니다.

일찍이 스피노자가 말하기를 "파울이 피터에 관해 한 말은 피터보다는 파울 자신에 관해 한 말이 더 많다"고 했습니다. 우리가 파울의 말을 주의 깊게 들어보면, 파울이 자기 자신을 바라보고 있다는 것을 알 수 있으며 그의 자존감이 어떤 것인지를 밝혀낼 수도 있을 것입니다.

심지어 우리는 종종 어떤 사람이 입을 열기 전에 그가 이미 편견을 지니고 있음을 알아낼 수 있습니다. 그가 어떻게 상대를 바라보는가, 즉 그의 눈의 표정과 그의 쌀쌀맞은 태도 등—이런 것들만 보아도 인종평등을 주장하는 그의 말이 얼마나 공허한가를 쉽사리 판단할 수 있습니다.

3 인종의 혼화는 퇴폐적인 현상입니까?

아니, 그 반대입니다! 순수한 인종은 없다는 사실을 상기해 보시기 바랍니다. 유사 이래로 인종의 혼화는 늘 있어 왔습니다. 하와이에서 저는 인종과 국적이 대규모로 혼화되어 역동적인 새로운 문화가 창출되는 것을 경험할 수 있었습니다.

누가 저의 딸이 흑인과 결혼하기를 원하느냐고 물으면, 저는 제 딸이 흑인과 결혼하기를 원할 경우 딸의 결정을 기꺼이 받아들이겠노라고 대답할 것입니다. 하지만 내게는 딸이 없습니다. 우리는 사람 그 자체, 이를테면 그의 태도와 이념 그리고 그의 이상理想을 보아야 할 것입니다. 그럴 경우 우리에게 피부색은 문제가 되지 않습니다. 우리가 누군가를 생각으로나 행동으로 차별하는 한, 우리는 깊은 야만의 늪에 빠져 있는 것입니다.

4 **미국의 심리학자 아서 옌센**Arthur Jensen**은 흑인들의 지능이 백인들의 지능보다 낮다는 것을 증명하기 위한 지능검사를 했습니다. 이에 대해 교수님은 어떻게 생각하시는지요?**

절대 그렇지 않습니다. 능력은 유전일 뿐만 아니라 환경의 산물이기도 합니다. 이를테면 미국 남부의 좋지 않은 환경 속에서 자라는 흑인 아이들은 더 좋은 학교에서 보호받는 로스앤젤레스의 흑인 아이들보다 학업성적이 점점 더 떨어집니다. 전자는 85점을 받는다면 후자는 120점을 받을 것입니다. 지능은 사회적 요인으로부터 결정적으로 영향을 받습니다. 창의성과 학구열, 연대의식 등과 같이 중요한 요소들은 지능검사를 통해 측정할 수 없습니다.

지능검사에 대한 지나친 믿음은 객관적인 판단에 적지 않은 방해가 됩니다. 지능검사는 그릇된 철학의 산물로 인종주의를 조장합니다. 그러니까 지능검사는 어떤 사람은 태어나면서부터 우수하고, 어떤 사람은 열등하다고 단정합니다. 유난히 장애가 심하지 않은 학생일 경우 선생은 그 학생의 지능지수를 자세히 모르는 게 때로는 좋습니다. 경우에 따라서는 선입견을 가질 수 있고, 그렇게 되면 공부 못하는 학생은 더 의기소침해질 수 있기 때문입니다.

사람은 창조적이고 문화적인 영향에 따라 얼마든지 변화될 수 있음을 교육사教育史는 보여 줍니다.

중국에서 시행되고 있는 재교육과 후속교육 캠페인은, 종래의 인간 능력에 대한 평가가 인간의 능력을 과소평가했으며, 주위환경이 능력 향상에 중요한 역할을 한다는 사실을 입증해 주고 있습니다. 인간의 능력은 흑인의 경우나 백인 또는 황인종의 경우나 하나같이 차이가 없습니다.

5 왜 그렇게 많은 사람들은 차별이 어떤 결과를 낳는지 모르고 있습니까?

이 질문은 왜 우리가 억압받는 사람들을 충분히 이해하지 못하느냐 하는 중차대한 문제를 노정시킵니다.

그 이유 중의 하나는 대부분의 사람들이 소수민족들의 생활방식에 대해 별로 아는 것이 없기 때문입니다. 예컨대 슬럼에 사는 흑인들의 생활조건은 교외지역에 거주하는 백인들의 생활조건과 판이하게 다릅니다. 그 차이는 미합중국과 아프리카의 어떤 나라, 예컨대 가나 같은 나라와의 차이와 같습니다.

소수집단은 대체로 도덕적인 삶을 추구하고 이웃 간에 신의를 지키려고 노력하는 데 반해, 다수자들은 원래부터 편협성을 지니고 있습니다. 몽골인과 아즈텍[멕시코 원주민], 반투족의 통치와 마찬가지로 아프리카의 백인통치지역 경찰의 통치 또한 잔인하고 억압적입니다.

1899년에 발표된 키플링Kipling의 유명한 시는 '백인의 짐'을 주제로 다룹니다. 백인의 짐이라는 이 개념은 현대사에서 횡행하는 소수집단에 대한 지속적인 편견의 상징입니다.

백인의 짐을 지어라

그대들의 출중한 자녀들을 보내어

원주민들의 욕구를 채워 주기 위해

그들로 하여금 역경의 길을 걷게 하라

어려운 역경 속에서

거칠고 흥분한 무리에게

그대들이 새로 포획한 반항적인 종족에게

반은 악마 같고 반은 어린애 같은 자들에게 봉사하도록

백인의 미션은 사실상 흑인들에게는 고통을 안겨 주었습니다. 이 고통은 수많은 흑인들을 비참하게 만들었습니다.

알베르 카뮈는, 우리는 '순교자이거나 사형집행인' 둘 중의 하나라고 말했습니다. 그렇게 한 나라에서 한 집단이 박해당할 수 있는가 하면, 바로 그 집단이 (다른 나라에서) 권력을 장악하면 똑같은 만행을 저지릅니다.

이 주장은 예컨대 퓨리턴의 운명에서도 입증됩니다. 현대사의 초기에 청교도들은 소수자들로 영국에서 엄청난 박해를 받았습니다. 그러나 그들이 미국으로 와서는 지배계층이 되었습니다. 이곳에서 그들은 자기들의 종교만이 옳다는 신념하에 곧 퀘이커교도와 침례교도, 가톨릭교도들을 박해했습니다.

공적인 규범과 사적인 규범 간에는 심지어 이중적인 잣대가 통용됩니다. 사적인 생활에서 우리는 보통 살인이나 도둑질을 용서하지 않습니다. 그러나 전쟁 중인 나라에서는 경우에 따라 이런 행위가 정당한 행위로 인정받습니다. 개인의 광기는 전 문명사회의 광기와 비교해 보면 조족지혈에 불과하다고 니체가 설파한 바 있습니다.

페터 알텐베르크Peter Altenberg는 현대인의 생활방식을 더불어 사는 삶으로부터 시작해서 나란히 사는 삶을 거쳐 적대적인 삶으로 이동해 왔다고 말합니다. 조급함과 스트레스가 우리의 삶을 지배한 이래로, 우리는 더 이상 우리의 이웃을 배려할 시간을 제대로 할애하지 못하고 있습니다. 우리는 대체로 "나는 다른 사람의 걱정거리에 대해서는 아무것도 듣기 싫다"라는 태도를 취합니다. 대도시, 이를테면 런던이나 파리, 베를린 등 어디든 간에 그곳에서 사람들의 얼굴을 자세히 살펴보면, 많은 사람들의 얼굴이 어둡거나 욕구불만 또는 적의에 차 있음을 알 수 있습니다.

그리핀Griffin은 그의 아주 충격적인 다큐들 중의 하나인 『나와 같은 흑인』에서 소수집단의 일원이 어떤 의미를 지니는지 기술하고 있습니다. 그리핀은 진보적인 백인 소설가로 의술의 도움을 받아 한동안 그의 피부색을 검게 변화시킨 적이 있습니다. 그러니까 그는 한동안 흑인이 된 것입니다. 하룻밤 사이에 그의 신분이 변했습니다. 그 전에만 해도 대부분의 사람들이 그에게 친절했는데, 이제는 그가 만나는 사람들 대부분이 그에게 적대적이었습니다. 많은 음식점에서는 그를 들여보내지 않았으며, 몇몇 호텔에서는 방을 구할 엄두도 못 냈습니다. 심지어 화장실을 찾는 것도 그에게는 쉽지 않았습니다. 일반적으로 세상에서 가장 쉬운 일로 여겨지는 수표 교환조차 그에게는 가혹한 시련이었습니다. 그는 부지불식간에 사기꾼 취급을 받았던 것입니다.

그는 성적인 문제에서도 지속적으로 무시당했습니다. 한번은 한 백인이 그를 우롱하면서 그의 성생활에 관해 무례한 질문을 해 온 것입니다. 그는 중년의 나이에 접어들었음에도 불구하고 생면부지의 사람이 그를 "boy"라고 불렀습니다. 그는 백인들의 샌드백이 된 것입니다.

내 친구 루이스 로맥스Louis Lomax는 미국 남부의 어떤 주에서 호텔객실을 하나 예약하려고 했는데, 종업원이 그가 흑인임을 알아차리고 예약을 거부했습니다. 그 다음날 그가 터번을 쓰고 다시 그 호텔로 가서, 자신이 인도의 왕자라고 말하자 즉석에서 객실예약이 이루어졌습니다. 그는 친절한 대접을 받았을 뿐 아니라 특별대우까지 받았습니다.

미국 남부지역의 인종차별은 분명 과거의 법적 근거에 그 뿌리를 두고 있습니다. 어쨌든 이 인종차별은 이제 더 이상 그리핀의 책(『나와 같은 흑인』)이나 로맥스의 책(『미국 흑인들의 반란』)에 기술된 것처럼 그렇게 심하지는 않습니다. 하지만 윤색된 편견은 여전히 계속되고 있습니다. 아직까지 우리의 정의감은 충분히 일깨워지지 않고 있으며, 소수집단에 속한다는 것이 무엇을 의미하는지 모르는 사람들이 참으로 많기 때문입니다.

6 왜 노예제도가 생겼습니까 — 예컨대 미국에서처럼?

노예들은 미국 남부의 경제시스템에 의해 강요당한 희생자들입니다. 이들은 무시무시한 감독하에 굴비처럼 쇠사슬에 한데 묶여 미국으로 이송되었습니다. 노예상인들은 이들을 마치 콩나물시루처럼 빽빽하게 배에 실었습니다. 노예상인들은 흑인 몇 명을 잃을 각오를 하고 이들을 배에 꽉 채우는 것이 좋은가, 아니면 이들에게 좀 여유로운 자리를 마련해 주는 것이 더 많은 이익을 낼 수 있는가에 대해 서로 의논했습니다.

배船泊가 터지도록 흑인들을 빽빽하게 실어야 한다는 쪽은 보다 많은 수의 노예들을 배에 싣고 가면 노예시장에서 그만큼 많은 이익을 더 창출할 수 있다고 주장하고, 다른 쪽, 즉 여유로운 자리를 마련해 주자는 쪽은 비록 숫자는 적어지지만 사망률이 좀 덜 나오는 '더 좋은' 환경을 유지해 줄 경우 노예들을 더 많은 돈을 받고 팔 수 있다고 주장했습니다.

인간적인 대우란 생각조차 할 수 없었습니다. 가령 어떤 노예가 병이라도 들면 그들은 대체로 그 노예를 바다로 던져 버렸습니다. 그런 식으로 수천 명이 희생되었습니다. — 노예장사의 끝 모르는 잔인성을 증명해 주는 사례입니다.

1916년에 흑인 20명이 버지니아로 팔려 갔는데, 1775년에는 이곳의 노예숫자가 이미 7만 5천 명에 달했습니다. 1750년에 미국 전역의 노예숫자는 25만 명에 달했고, 1776년에는 이미 50만 명이 되었습니다. 추측컨대 5백만 명이 넘는 흑인들이 위에 언급한 끔찍스런 조건하에 아프리카로부터 미합중국으로 '수입'되었습니다.

미국에 도착하게 되면 대체로 아이들은 부모들과 떨어지게 되고, 부인은 남편으로부터 떨어지게 되었습니다. 솔로몬 노스럽Solomon Northrup은 자유인으로 태어난 흑인인데, 노예상인에 의해 납치를 당했습니다. 그는『노예생활 20년』이란 그의 저서에서 전형적인 노예경매에 관해 보고한 바 있습니다. 흑인들은 짐승처럼 시장에 매물로 내몰렸습니다. 노예를 사려고 하는 사람들은 노예들의 팔을 만져 보고 그들의 이를 살펴보았습니다. 흑인들은 남자와 여자로 구분되어 창고의 벽에 기대서게 했습니다. 선두에는 최고의 값을 받을 수 있는 힘이 가장 좋은 흑인을 세웠습니다.

한 구매자가 흑인 여자의 아들을 낙찰했을 때의 광경은 눈물겹습니다. 그녀는 아들과 함께 데려가 달라고 구매자에게 호소했습니다. 구매자는 그럴 만한 돈이 없노라고 말했습니다. 그녀는 아이 곁에 있을 수만 있다면 무슨 일이든 다 하겠다고 말했습니다. 구매자가 냉담한 표정을 짓자 그녀는 울기 시작했습니다. 그러자 경매인은 채찍으로 그녀를 때리며 을러댔습니다. 그러나 그녀는 자식과 떨어지지 않게 해 달라고 계속해서 읍소했습니다. —아무 소용이 없었습니다. 그녀는 아들을 껴안으며 절대 널 잊지 않을 거라고 단단히 약속했습니다. 그녀의 얼굴은 눈물로 범벅이 되었습니다. 그러는 동안 경매인은 줄곧 그녀에게 다시 제자리로 돌아가라, 그렇지 않으면 혹독한 벌을 받을 것이라고 말했습니다. 끝내 아들은 그녀와 헤어질 수밖에 없었습니다. 헤어지는 자리에서 아들은 "엄마, 울지 마, 내 걱정은 하지 마, 울지 마!"라고 말했습니다. 그 후 그녀는 아들을 한 번도 보지 못했습니다.

미국 남부지역 사람들은 흑인들이 편안하게 살고 있다는 말로 자신을 변호했습니다. 하지만 실제로 많은 흑인들은 창문도 없는 누추하기 짝이 없는 오두막의 맨땅에서 생활했습니다. 여름에는 참을 수 없이 찌는 더위에 시달려야 했고, 겨울에는 얇은 옷으로 스며드는 냉기를 견뎌내야 했습니다. 그들은 새벽 일찍 일어나 해가 질 때까지 일을 해야 했습니다. 그들은 해뜨기 한 시간 전에 일어나야 했으며, 조금이라도 늦으면 매질을 당했습니다. — 이런 비인간적인 대우를 그들은 다반사로 받아야 했습니다.

이런 상황에서 노예반란이 일어났다는 것은 놀라운 일이 아닙니다. 1800년에 가브리엘이라는 노예는 고통받는 동료들과 함께 몽둥이와 칼, 무기 몇 자루 등으로 무장을 하고 버지니아의 리치몬드로 몰려갔습니다. 그는 체포되어 많은 동료들과 함께 교수형을 당했습니다. 1822년에는 덴마크 베시Denmark Vesey가 남캐럴라이나에서 노예반란을 획책했습니다. 그도 또한 반란에 가담한 다른 30명의 흑인들과 함께 교수형을 당했습니다. 냇 터너Nat Turner 역시 같은 운명을 겪었습니다. 그는 흑인 목사로 자기 주인을 살해하고, 다른 추종자들과 함께 흑인들을 해방시키고 백인 억압자들의 뿌리를 뽑으려고 했습니다. 19명의 반란자들과 함께 그도 역시 교수형을 당했습니다.

특히 미국남부의 많은 백인들에게는 흑인들이 결코 인간으로 보이지 않았습니다. 이들은 흑인들이 열등하다는 주장을 사회적으로 또는 문화적으로, 심지어 종교적으로 논증하려 들었습니다. 실제로 흑인들은 교육을 받지 못했습니다. 그들이 마침내 자유를 얻었을 때 그들의 95%는 문맹자였습니다.

미국 국민의 의식은 아주 느린 속도로 변해 갔습니다. 극히 소수의 사람들만이 개리슨Garrison처럼 분명한 어조로 말했습니다. 개리슨은 노예제도에 맹렬히 반대하는 글을 썼습니다. 하지만 세월이 흐르면서 노예제도를 반대하는 사람들이 점차 공명을 얻기 시작했습니다. 남부의 주들은 쓴맛을 볼 때까지 끈질기게 저항했습니다. 이를테면 1850년에도 캘훈Calhoun 같은 사람은 노예제도를 없애면 미국이 궁핍해져서 경제적으로 파탄을 맞이하게 될 것이라고 주장했습니다. 저 유명한 드레드 스콧Dred Scott 판결에서 최상급법원은 노예는 노예소유자의 재산이며, 흑인은 (노예로서) 노예제도가 금지된 주에도 그 주인이 데리고 갈 수 있다고 선고했습니다. 이야말로 참으로 야만적인 결정이 아니겠습니까!

미국의 남북전쟁은 형식적으로는 노예를 해방시켰습니다만, 노예신분을 벗어나지 못한 노예들은 여전히 많이 있었습니다. 이들의 생활환경은 전과 다름없이 비참했습니다. 이를 두고 군나르 뮈르달Gunnar Myrdal은 '미국의 딜레마'라고 했습니다.

7 린치란 무엇이며, 왜 그런 만행이 자행되었습니까?

미국남부의 여러 지역에는 흑인들의 숫자가 백인들보다 많았습니다. 반란은 언제고 일어날 수 있었습니다. 때문에 공포분위기를 조성해 노예들을 옥죄어야 했습니다. 이런 목적으로 백인들의 린치私刑가 자행됐습니다.

그밖에 각종 성적性的 문제도 중요한 역할을 했습니다. 많은 백인들은 흑인 여자를 애인으로 두고 있었습니다. 그들은 흑인 여자들이 그들의 백인 마누라나 첩보다 근본적으로 그들을 더 만족시킨다고 자랑했습니다. 하지만 흑인 남자가 백인 여자에게 접근하기만 하면, 아니 조금이라도 수상한 눈으로 쳐다보기만 해도 린치를 당할 위험에 직면했습니다.

종종 린치는 큐클럭스클랜의 비호를 받으며 자행됐습니다. (나치돌격대나 나치친위대와 유사한) 큐클럭스클랜은 비밀결사대로 1920년대에 미국 전역에 걸쳐 흑인들에게 테러를 저질렀습니다.

린치는 보통 백인 여자가 성폭행을 당했다는 소문과 더불어 시작됩니다. 그런 소문이 돌면 인간몰이사냥이 이루어지는 것이죠. 혐의자가 체포되자마자 분개한 백인무리들이 몰려와 흑인들의 거주지역을 초토화시킵니다. 그러고 나서 그들은 감옥으로 돌진해 갑니다. 경찰은 이들을 거의 말리지 않거나 방관합니다. 흑인 죄수는 이들 집단에 의해 잔혹하게 폭행을 당한 후 교수형에 처해집니다. 그리고 그의 시체는 반항하는 흑인들에 대한 경고용으로 전시됩니다. 린치의 주동자가 벌을 받은 일은 아주 드뭅니다.

흑인들에 대한 편견은 대체로 가난한 백인들이 지니고 있었습니다. 이들은 흑인들과 마찬가지로 소수집단에 속한 사람들로, 속죄양이 필요했습니다. 린치는 이들에게 하나의 축제요, 단조로운 일상으로부터의 도피 행위였습니다.

이들의 생활이 얼마나 비참했는지는 포크너Faulkner나 콜드웰Caldwell의 작품만 읽어봐도 충분히 상상할 수 있습니다. 이들은 기분전환을 위해서는 어떤 끔찍한 일이라도 가리지 않았습니다. 흥미로운 것은 백인들이 린치를 자행한 후 종종 거칠고 방탕한 짓들을 했다는 사실입니다. 폭음에다 난잡한 섹스행위가 여러 시간, 아니 하루 온종일 지속되었습니다.

남부지역 주州의 다수 몰인정한 정치가들은 린치를 가난한 백인들이 그들의 절망적인 생활환경으로부터 눈을 돌리게 하는 수단으로 여겼습니다. 이런 방식으로 봉건주의와 억압이 지속될 수 있었습니다. 나치시절에 독일의 소시민들이 유태인을 향해 그들의 공격본능을 한껏 펼쳤던 것처럼 말입니다.

더워드 푸르던Durward Pruden은 1936년에 텍사스에서 벌어졌던 린치에 관한 고전적 연구서를 출간했습니다. 이 책은 리빌레 근교의 한 백인 농부의 아내를 성폭행했다는 혐의로 흑인이 고소당한 사건을 다루었습니다. 농부 아내의 진술이 신빙성이 없다는 정황이 충분히 드러났습니다. 하지만 그 모든 것이 흑인에게는 아무런 도움을 주지 못했으며, 그는 백인 폭도들에 의해 린치를 당했습니다. 수천 명에 달하는 백인들이 이 사건을 추적하면서 박수갈채를 보냈습니다. 이들은 흑인의 시신을 토막내어 불태워 버렸습니다.

푸르던은 그의 연구에서, 이 사건에 대한 백인들의 생각은 아래와 같이 각기 다른 세 종류로 나누어진다는 결론을 내렸습니다. 부유층의 백인들은 이 사건이 마음에 들지 않았습니다. 하지만 이들은 인도주의를 고려해서가 아니라 법과 질서가 허물어지고, 그들의 도시가 오명을 뒤집어쓰게 되었다는 것에 분노한 것입니다.

중산층 역시 불쾌감을 토로했습니다. 하지만 그들의 태도는 양가적兩價的이었습니다. 한쪽은 감정적으로 동조하면서 사건을 지켜보았습니다. 그리고 린치를 계획하고 실행한 사람들을 도덕적으로 후원했습니다. 이 지역에 거주하는 중산층의 생활은 단조로웠기 때문에 기분전환이 필요했습니다. 한 번쯤 도덕적 책임감에서 해방된 기분을 느껴 보고 싶었던 것입니다.

다른 한쪽의 중산층은 생명을 빼앗고 재산을 가로챈 사건에 대해 신랄하게 비판했습니다.

나머지 백인 하층민들은 아주 상스럽게 흑인들을 증오하고 박해했습니다. 분노한 무리의 우두머리는 바로 이 계층 사람이었습니다. 그는 40세 나이의 남자로, 전과전력이 다채로운 문맹자였습니다. 그는 과거에 한 번 가축매매 시장에서 일한 적이 있을 뿐 이렇다 할 직업이 없었습니다.

그는 자기 부인 및 딸과 함께 흑인거주지역 근처의 빈민가에서 살았습니다. 그는 싸움꾼이었습니다. 그는 다른 사람들, 특히 흑인들에게 싸움을 거는 것이 취미였습니다. 동시에 그는 자신이 백인 여자들의 보디가드라고 생각했습니다. 그는 흑인들만 증오한 것이 아니라 유태인과 가톨릭 신자들도 싫어했습니다. 그의 삶은 편견으로 가득 차 있었습니다. 그는 부자들을 혐오하면서도, 한편으로는 그들이 거침없이 쓰는 돈을 곁눈질했습니다. 그의 부인은 가족을 부양하기 위해 세탁부로 일했습니다. 사건이 일어난 후 경찰이 그를 심문했을 때 그는 조금도 잘못을 뉘우치지 않았습니다. 오히려 그는 백인 여자들의 명예를 지켜 준 것을 자랑스럽게 생각했습니다.

푸르던의 연구는 이 지역에 만연한 잠재적 편견이 린치의 근간을 이루고 있다는 결론에 도달했습니다. 가난한 백인들은 흑인들의 사회적 등급이 올라가고, 이들이 경제적으로 성공을 거두는 것이 못마땅했습니다. 린치는 상류층의 수동적이고 무관심한 태도에 의해 적어도 간접적으로 조장되었습니다. 실제로 상류층의 몇몇 사람들은 소수집단을 향한 이러한 범행에 동조하였는가 하면, 열렬하게 가담하기도 했습니다.

이런 점은 히틀러 치하의 독일과 유사합니다. 세계의 거의 모든 지역에 파괴적인 경향이 산재해 있습니다. 이 파괴적인 경향은 가학성을 부추기는 촉매역할을 합니다. 흑인과 인도인 그리고 유태인 등 모든 소수집단은 희생자가 될 수 있습니다. 인종적 사회적 선입견이 존재하는 한 그리고 사회의 책임자 역할을 할 수 있는 시민들의 용기가 부족한 한 저 잔혹행위는 소수집단에게 위협적인 요소로 상존할 수밖에 없습니다.

8 흑인과 백인의 통합이 흑인 청소년들에게 어떤 영향을 미칩니까?

학교의 통합은 종종 흑인 학생들에게 악몽으로 작용했습니다. 저는 테네시 주의 멤피스 지역 인근 소도시에 살던 제인 마틴이란 흑인 여학생에 관한 이야기를 기억합니다. 이 지역에서는 큐클럭스클랜과 백인시민위원회가 커다란 영향력을 지니고 있었습니다. 이따금 린치가 자행돼도 경찰이 개입하는 경우는 많지 않았습니다.

제인은 흑인학교에 다녔는데, 이 학교의 선생들은 교사로서 충분한 교육을 받지 못한 사람들이었고, 학교의 질도 수준 이하였습니다. 학교 시설 또한 낙후되어 있었는데, 이를테면 교사校舍의 지붕은 빗물이 새고 전반적으로 황량하기 이를 데 없었습니다. 제인의 부모는 딸의 대학 진학을 위해 힘쓴 결과 1954년에 결정된 최상급법정의 법령에 따라 그녀를 백인학교로 전학시킬 수 있게 되었습니다.

제인의 가족은 이 지역의 흑인구역에 있는 번듯한 목조건물에 살았습니다. 그녀의 아버지는 의사였지만 이 지역의 직영병원에 들어갈 수 없어서 멤피스에 있는 흑인병원에서 근무했습니다.

흑백통합, 운명의 날이 다가오자 제인의 어머니는 딸을 흑인학교에서 빼내 온 것이 잘못됐다는 느낌이 들었습니다. 하지만 아버지는 "용기를 보여주어야 한다", "이것은 원칙의 문제다"라고 완강하게 주장했습니다. 그는 딸을 데리고 백인학교로 갔습니다. 그가 차를 주차시키려고 하자 차창 쪽으로 돌들이 날아들었습니다. 백인들이 떼거리로 몰려들었고, 여자들은 "깜둥이들을 몰아내자!"라고 소리를 질러댔습니다. 텔레비전과 라디오 방송 기자들이 이 통합장면 현장을 취재하기 위해 대기하고 있었습니다. 학교 쪽에서 사람들이 외치는 소리가 들려왔습니다. "한 명이 두 명 되고 두 명이 세 명 되고 세 명이 네 명 된다. 우린 통합을 원치 않아!" 백인 네 명이 흑인 사진기자 한 사람을 공격했습니다. 그들은 기자의 이빨을 몇 개 부러트렸습니다. 한 백인 경찰은 경찰 배지를 떼어버리고 난동에 끼어들었습니다. 이들이 질러대는 고함소리가 귀청을 찢어댔습니다. 큐클럭스클랜 단원들은 전단을 뿌렸습니다. 이 전단에는 깜둥이 촌으로 달려 가자라는 문구와 '깜둥이를 사랑하는 자들'은 모두 우리 도시에서 추방하자라는 문구가 실려 있었습니다.

한편 학교 교실 안에서는 한 무리의 백인 학생들이 제인을 따라다니며 괴롭혔습니다. 그들은 그녀를 향해 더러운 욕지거리를 내뱉었습니다. 어떤 학생은 나이프를 꺼내 그녀를 위협했습니다.

그녀의 아버지가 학교를 떠나려 하자 백인 한 무리가 그를 둘러쌌습니다. 한 남자가 그의 얼굴을 가격했습니다. 그가 땅에 쓰러지자 그들은 그의 배를 짓밟으며 외쳤습니다. "이 깜둥이 놈 죽여 버리자!" 결국 그는 경찰에게 구조되어 자동차로 옮겨졌습니다. 멤피스 흑인병원에 와서야 그는 치료를 받았습니다.

학교 당국자들은 수업을 중단해야 할지 어떨지를 논의했습니다. 흑인 학생들은 교무실에서 대기하고 있었습니다. 교실창문을 향해 돌들이 날아왔습니다. 총소리도 들렸습니다.

제인의 첫 수업시간은 장관이었습니다. 서른 살 먹은 짧은 머리 선생은 혁명전쟁에 관해 이야기했습니다. 제인의 자리는 맨뒤쪽 열에 배정되었습니다. 남학생들과 여학생들이 일제히 얼굴을 돌려 적의에 찬 시선을 던졌습니다. 다음 순간 건장한 체격의 축구부 소속 한 남학생이 자리에서 벌떡 일어나더니 소리쳤습니다. “한 명이 두 명 되고 두 명이 세 명 되고 세 명이 네 명 된다. 우린 통합을 원치 않아!” 학생들이 이구동성으로 고함을 지르며 교과서를 찢어 버리기 시작했습니다.

그러는 동안 학교 밖에 있는 무리들은 더욱 더 신경질적으로 되어 갔습니다. 금방이라도 린치가 시작될 것 같았습니다. 이제 민병대의 지원을 받아 강화된 경찰은 침입자들이 못 들어오도록 학교건물들의 문을 닫아걸었습니다. 돌덩어리들이 창문을 향해 날아들었습니다. 잠시 후 교장이 오늘은 흑인 학생들이 학교를 떠나 주어야겠다고 말했습니다. 경찰 한 소대가 제인을 옆문으로 데리고 나갔습니다. 그 순간 제인은 백인무리들의 증오심을 피부로 느낄 수 있었습니다. 한 여자가 소리쳤습니다. “깜둥이는 죽어야만 착해진다!”

며칠이 지나서야 제인은 위험을 느끼지 않고 학교에 다닐 수 있었습니다. 날이 갈수록 흥분은 서서히 가라앉았습니다. 이제 그녀의 급우들 대부분이 그녀를 받아들일 준비가 되어 있었습니다. 하지만 그녀에게 치욕감은 여전히 남아 있었습니다. 제인은 이 때부터 내성적으로 되어 갔고, 주위 사람들과 만나는 것도 점점 기피하게 되었습니다. 그녀는 흑백통합이 이루어진 학교에 다녔음에도 불구하고 급우들과 함께 어울리지 못했습니다.

전통과 관습이 그녀를 급우들과 분리시켰던 것입니다. 동시에 그녀는 흑인집단으로부터도 따돌림을 당했습니다. 그녀의 몇몇 친구는 그녀가 자기들보다 우월한 위치에 있다고 생각했습니다. 말하자면 그녀는 두 개의 세계 사이에서 방황하는 처지가 된 것입니다.

9 **현대의 흑인해방운동은 맬컴 엑스와 마르틴 루터 킹이라는 극히 상반된 두 사람을 배출했습니다. 교수님은 어느 쪽이 더 중요한 인물이라고 생각하시는지요?**

어떤 점에서는 맬컴 엑스Malcolm X와 마르틴 루터 킹Martin Luther King은 완전히 다른가 하면, 또 어떤 점에서는 두 사람이 유사한 목표를 지녔습니다. 맬컴 엑스는 1925년에 네브래스카의 오하마에서 태어났습니다. 그는 이미 어린 시절에 보스턴으로 이주했으며, 그 후 할렘의 흑인 구역에 살았습니다. 이곳에서의 삶이 그의 철학과 행동방식에 결정적인 영향을 미쳤습니다. 그는 사기행각으로 생계를 유지했으며, 그로 인해 오랫동안 감옥에서 보내야 했습니다. 감옥에서 그는 블랙 무슬림으로 개종했으며, 그로 인해 그의 생활방식이 완전히 바뀌게 되었습니다. 범죄 성향에서 벗어나 인종문제를 연구하기 시작한 것입니다. 그는 블랙 무슬림을 지원하는 데 총력을 기울였습니다. 이 운동의 취지는 미국에서 흑인들을 백인사회로부터 분리하는 것이었습니다. 무슬림들은 완전한 평등과 자유를 요구했고, 수감된 회교도 신자들의 석방과 백인 경찰들의 난폭한 행동 금지, 동등한 구직기회, 미국의 흑인들을 위한 독립된 주, 흑인전용 학교를 요구했으며, 어떤 형식으로든 간에 흑인과 백인의 결혼은 일절 금지해 줄 것을 요구했습니다.

1964년 맬컴 엑스와 당시의 블랙 무슬림 지도자 엘리야 무해머드 Elijah Muhammad 사이에 충돌이 있었습니다. 맬컴 엑스는 메카로 순례기행을 떠났습니다. 이 기회를 통해 그는 압제자들을 향한 미국 흑인들의 투쟁은 전 세계에 걸친 흑인소수집단 투쟁의 일부에 지나지 않는다는 사실을 깨달았습니다. 맬컴 엑스는 이 투쟁이 무력武力에 의존하지 않고는 승리할 수 없다고 확신했습니다. 그러나 그는 세상을 떠나기 얼마 전에 지금까지의 입장에 변화를 보였습니다. 그때까지 그는 모든 백인들은 다 나쁘고, 직간접적으로 흑인들을 억압한다고 생각했던 것입니다. 이러한 사고의 전환은 아마도 그의 사해동포주의에서 발원했을 것입니다. 1965년에 그는 살해당했습니다.

그의 블랙파워 운동, 즉 흑인 스스로가 학교와 교회를 만들고, 이웃 지역을 관리하자는 운동은 그가 세상을 떠난 후에도 폭넓게 지속되었습니다.

마르틴 루터 킹은 중산층 출신입니다. 그는 1929년에 조지아 주의 애틀랜타에서 태어났습니다. 맬컴 엑스와는 반대로 그는 좋은 교육을 받았습니다. 킹은 보스턴대학에서 우수한 성적을 거두었습니다. 그는 이 대학에서 석사학위를 받았습니다. 1955년에 그는 몽고메리에서 버스좌석 차별대우에 반기를 들고 승차거부운동에 앞장서서, 이 운동을 성공적으로 이끌었습니다. 이 운동이 계기가 되어 흑백통합이 보다 빠른 속도로 진척되었습니다. 2년 후에 그는 '남부 그리스도교 지도자회의Southern Christian Leadership Conference'의 창시자 중 한 사람이 되었습니다. 이 기구는 인종차별, 특히 남부지역의 여러 주에서 횡행하던 인종차별을 종식시키기 위해 노력했습니다. 킹은 어떤 형태의 폭력도 거부했습니다. 그는 폭넓은 연대의 지원을 받을 수 있는 비폭력운동이야말로 편견을 불식시키기 위한 가장 좋은 방법이라고 믿었습니다. 그는 1963년에 워싱턴을 향한 역사적인 행군을 기획하는 데 앞장섰습니다. 사회의 각 계층, 이를테면 각종 정치 및 종교 단체를 책임진 사람들이 그의 이러한 기획을 뒷받침해 주었습니다. 25만 명에 달하는 사람들이 이때 인종평등권을 위해 한 표를 던졌습니다. 1964년에는 킹이 노벨평화상을 받았습니다. 그리고 4년 뒤에 그는 살해당했습니다.

맬컴 엑스와 마르틴 루터 킹의 삶에는 커다란 공통점이 있습니다. 두 사람은 모두 시민으로서 남다른 용기를 지녔으며, 자신들이 언제고 살해당할지 모를 위험에 직면해 있다는 사실을 알고 있었습니다. 두 사람 모두 인종문제에 천착했습니다. 두 사람은 백인들의 편견을 우리 시대의 중차대한 문제로 인식했습니다. 두 사람은 개인적인 행동은 일을 성사시킬 수 없으며, 일의 성사를 위해서는 조직이 필요하다고 생각했습니다. 두 사람 모두 탁월한 웅변가로서 관중을 매혹시켰습니다.

그러나 두 사람이 처한 환경은 전혀 달랐습니다. 맬컴 엑스는 폭력이 난무하고 위험이 상존하는 할렘이 그의 주요 활동무대였습니다. 할렘은 간교한 자들만이 살아남을 수 있고, 수천 명의 마약중독자들과 수만 명의 알코올중독자들이 들끓는 곳입니다. 그는 자기 자신의 스승이었던 사람입니다. 한 남자의 삶의 기록, 즉 그의 『자서전』은 신학과 철학 그리고 사회학에 정통했던 마르틴 루터 킹의 철학적 연설과는 판이하게 다릅니다.

폭력과 힘이 맬컴 엑스의 생활양식을 특징짓습니다. 고상한 대화와 철학 그리고 종교는 그에게 현실도피에 지나지 않았습니다. 그에게는 구체적인 현실상황, 즉 가난과 흑인들의 곤경이 최우선 과제였습니다. 흑인들은 다수의 백인들이 차별원칙을 공고히 하기 위해 매일같이 온갖 폭력을 휘두르는 상황에서 그들대로 폭력을 포기할 수 없었습니다.

킹에게는 종교가 삶을 강건하게 해주는 힘이었습니다. 그에게는 흑인이든 백인이든 황인종이든 간에 인간은 모두가 영적인 힘을 지니고 있으며, 인간은 신의 피조물이며, 인종에 대한 편견과 차별은 윤리적인 기본원리의 침해였습니다. 종교는 그에게 신학의 문제가 아니라 꿈의 실현이었습니다. 인간의 존엄성과 평등성을 추구하는 꿈의 실현이었던 것입니다. 킹은 흑인들의 교회공동체를 백인들의 적개심이 난무하는 황무지의 오아시스라고 생각했습니다.

킹은 정치적 사회적 교육적 제반 조치로 사회적 불평등을 해소시킴으로써 실제로 정의로운 사회를 건설할 수 있을 것이라고 믿었습니다. 그는 양심의 자각을 통한 생각과 행동의 비폭력이 인간의 필수 불가결한 무기라고 생각했습니다. 그는 노예와 노예소유자의 아들들이 함께 어울려 평화롭게 살 수 있고, 흑인들도 투표에 참여할 수 있을 뿐 아니라, 그들 스스로가 적극적인 목표를 가지고 그 목표를 위해 전력투구할 수 있기를, 그래서 자유가 살아 있는 현실이 되기를 꿈꾸었습니다. 흑인과 백인, 유태인과 가톨릭신자와 개신교도들이 입을 모아 "우리는 모두 자유인이다!"라는 선언을 할 수 있는 날이 오기를 꿈꾸었습니다.

두 사람을 비교해 보면 맬컴 엑스는 — 그의 『자서전』이 입증하듯이

—킹보다 훨씬 더 도전적인 사람이었습니다. 그는 우리가 자기만족에 빠지는 것을 경고했습니다. 그는 클로드 브라운Claude Brown이 『약속된 대지의 인간』에서 그리고 제임스 볼드윈James Baldwin이 『또 하나의 나라』에서 이야기했던 세상, 즉 우리 대다수가 기피하고 싶은 세상을 보여 줍니다. 맬컴 엑스의 『자서전』을 읽으면 우리는 편견을 극복하고 보다 계몽된 길로 들어설 수 있습니다. 인종문제라는 관점에서 뿐만 아니라 우리의 전 생활철학과 연관해서 볼 때도 그렇다는 말입니다.

그럼에도 불구하고 마르틴 루터 킹이 두 사람 중에 더 중요한 의미를 지닌다고 볼 수 있습니다. 우리는 그의 삶에서 간디와 알베르트 슈바이처를 상기시키는 자비심과 존엄성을 엿보게 됩니다. 킹은 유럽에서뿐 아니라 미합중국에서도 모범적인 인간상으로 추앙받았습니다.

그가 세상 떠나기 몇 년 전에 우리는 함께 캘리포니아에서 개최되었던 학술대회에 참가한 적이 있습니다. 대회가 끝난 후 우리는 한 작은 음식점에 들어갔습니다. 여종업원은 먼저 다른 손님들 쪽으로 가더니 우리를 오랫동안 기다리게 했습니다. 킹을 쳐다보는 눈초리에서 저는 그녀가 흑인에 대해 얼마나 큰 선입견을 지니고 있는지 간파할 수 있었습니다. 그녀가 마침내 우리에게 음식을 가져왔을 때에는 감자와 고기가 거의 식어 있었습니다. 그녀는 언짢은 표정으로 우리를 접대했습니다. 우리는 서둘러 음식을 먹었습니다. 킹은 침착한 어조로 "저 여자는 아마도 오늘 별로 기분이 좋지 않은 모양이군요" 하고 말했습니다. 그리고 음식점을 나오면서 그는 그녀에게 미소를 던졌습니다.

그는 인간이 지닌 선의 힘에 대한 확고한 신념을 지니고 있었습니다.

그것이 그의 행위의 결정적인 원동력이었습니다. 그의 방법, 이를테면 동맹파업이라든가 보이콧, 다른 그룹들과의 연대 등은 단기적인 시각에서는 아마도 큰 효과를 거두지 못할 수 있겠지만, 장기적으로는 진정으로 창조적인 사회를 건설하기 위한 초석이 될 것입니다.

10 흑인 신세대와 흑인 기성세대의 주요 차이점은 어디에 있습니까?

기성세대는 통합을 더 원합니다. 그들 중 대부분은 중산층의 가치관과 생활방식을 물려받았습니다. 그들은 돈과 명예를 원합니다. 흑인 부르주아지가 이들 생활철학의 상징입니다. 백인 이웃과 마찬가지로 흑인 재판관과 의사, 사회사업가들은 교외지역에 거주하기를 선호하고, 안락한 삶을 즐깁니다. 그들은 자신의 고학력을 뽐내는 한편, 흑인 프롤레타리아에 대한 이해가 부족합니다. 그들은 대체로 사회에 대한 인식이 매우 부족합니다.

저는 그들의 모임에 여러 번 가 보았습니다. 그 모임은 아주 형식적이고 천박했습니다. 흑인들의 칵테일파티는 백인들의 그것과 마찬가지로 하나도 재미가 없었습니다. 그것은 대체로 그들의 자기과시욕을 발산하는 자리였습니다.

성공한 흑인 고학력자들의 자녀들은 종종 부모와 다른 생각을 가지고 있습니다. 그들은 통합을 원치 않습니다. 그들은 교외지역으로 도주하려 하지 않습니다. 그들은 부모들보다 과격합니다. 사회적 경제적 그리고 종교적인 면에서도 그렇습니다.

그들에게는 '블랙파워'가 하나의 생활양식입니다. 블랙파워란 무엇을 의미합니까? 첫째로 블랙파워는 흑인과 백인 사이에 틈이 있다는 것과 이 틈은 앞으로도 계속 좁혀지지 않을 것이라는 사실을 환기시킵니다. 둘째로 블랙파워는 흑인들의 장점을 강조합니다. (black is beautiful) 이를테면 흑인들은 백인들보다 깊고 진지한 감정을 가지고 있다는 것과 흑인들이 백인들보다 더 많은 애정을 가지고 있으며, 흑인들이 백인들보다 타인의 마음을 더 잘 움직이고 타인을 더 잘 이해하는 능력을 지니고 있다는 점을 강조합니다. 세 번째로 흑인들은 그들의 과거에 대해 자부심을 갖고, 성인으로 인정받기 위해서는 역사와 예술 그리고 사회학을 공부하고 흑인교육에 힘써야 한다는 것입니다. 네 번째로 블랙파워는, 흑인들 자신이 그들의 생활양식을 규정해야 하며, 그 어떤 열등감도 극복해야 한다고 말합니다. 다섯 번째로 재소자와 마약중독자 그리고 실업자들을 포함한 하층민들과의 연대와 그들을 위한 실제적 지원을 공고히 하자는 것입니다. 여섯 번째로 흑인 젊은이들은 다수 백인들이 수백 년에 걸쳐 흑인들을 억압하고 흑인들에게 불법행위를 저지른 것에 대해 보상해 주기를 원합니다. 그들은 백인을 아주 냉철한 눈으로 바라보며, 백인들의 결함과 한계를 지적합니다.

11 블랙파워운동 강령에 비추어 볼 때 흑인들 역시 백인들에 대해 증오감은 아니더라도 편견은 지니지 않았는지요?

저는 흑인들이 백인들, 특히 유태인들에 대해 편견을 지닌 경우를 많이 보았습니다. 유태인들이 표적이 되는 이유는 그들 중 몇 명이 대체로 슬럼에서 장사를 하기 때문입니다. 저명한 흑인 작가 제임스 볼드윈은 한 유태인 채소장사에 관해 이야기합니다. 그는 이 채소장사를 아주 싫어합니다. 이 사람이 너무 비싼 값을 부르기 때문입니다. 동시에 볼드윈은 자기 이웃에 사는 유태인 의사에게는 깍듯하게 예의를 차립니다. 왜냐하면 이 의사는 그의 전 가족을 치료해 주기 때문입니다.

알제리의 독립을 위해 투쟁한 프란츠 파농Franz Fanon은 증오와 편견을 해방의 무기로 간주합니다. 그렇게 할 때 비로소 피억압자들은 인고忍苦의 삶에 종지부를 찍고 실제로 혁명적이 될 수 있다고 그는 믿습니다.

이런 견해에 젊은 흑인세대가 많이 동조합니다. 이들 중 수천 명이 백인 같으면 결코 유죄판결을 받지 않을 범죄 때문에 형을 살고 있는 현실을 목격하면서, 이들은 자신이 공정하지 못한 사회의 희생물이며, 이런 사회의 퇴치를 위해서는 합법적이든 불법적이든 수단 방법을 가리지 않고 투쟁해야 한다고 믿는 것입니다. 실제로 미국의 많은 형무소는 증오로 가득 차 있습니다. 각기 다른 피부색을 지닌 재소자들이 편을 지어 서로 싸움을 벌이기가 일쑤입니다.

다른 한편으로 많은 흑인 학생들이 대학에 다니고, 새로운 일자리를 제공받고 있습니다. 북미 주에서뿐 아니라 남미 주에서도 이들은 예전보다 관대한 대우를 받습니다. 베트남 전쟁 이래로 종족갈등으로 인한 동요도 많이 줄어들었습니다.

혹자는 이런 상황이 피상적인 현상일 뿐 조만간 다시 폭력사태가 일어날지도 모를 일이라고 반론을 제기할 수도 있겠지요. 하지만 유럽의 여러 국가들과 비교해 보면 — 예컨대 화약고 북아일랜드나 외국인 노동자 사태에 직면한 독일과 오스트리아 — 미합중국은 최근 몇 년 사이에 인종문제의 해결에 큰 진전을 이루었습니다.

루이스 해리스Louis Harris는 1967년에 여러 사람을 대상으로 설문조사를 벌였습니다. 미합중국에서 그들이 어떤 운동과 어떤 사람들을 특히 위험하고 해롭다고 여기느냐고 물었습니다.

그때만 해도 흑인 선동자들과 학생데모대가 가장 위험한 존재로 여겨졌습니다. 하지만 7년이 지난 후의 연구는 아주 다른 결과를 보여주었습니다. 가장 위협적인 존재는 정치스파이들과 비밀작전을 지휘하는 장군들, 비밀도청장치를 이용하는 정치가들이었습니다. 흑인 폭동은 이제 더는 공적인 위협으로 간주되지 않았습니다. 어쩌면 흑백 간의 평화가 무르익어 가는 징조가 아닐는지요.

12 유태인과 흑인들의 운명의 공통점과 차이점은 무엇입니까?

두 그룹은 자유와 평등권을 획득하기 위한 투쟁에서 많은 것을 잃었습니다. 두 그룹은 여러 선동자들의 속죄양이었습니다. 두 그룹은 사회관계에서 적지 않은 제지를 당했습니다. 두 그룹은 아리안족의 우월성을 신봉하는 사람들로부터 열등한 인간취급을 받았습니다. 이 두 그룹과의 혼종결혼은 다수 백인들에게는 절대금기였습니다.

그러나 유태인은 흑인들에 비해 더 일찍 그리고 더 쉽게 평등권을 획득했습니다. 유태인들은 흑인들과는 달리 줄기찬 역사적 전통을 지니고 있었습니다. 예술과 학문 분야에서의 뛰어난 업적은 유태인들에게 긍정적으로 작용했습니다. 그러나 흑인들은 수백 년 동안 세계의 여러 지역에서 노예생활을 했기 때문에 문화적 전통을 계승하기가 힘들었습니다.

그밖에도 유태인들은 일가권속을 제대로 유지할 수 있었습니다. 그에 반해 흑인들은 종종 노예로 한 명씩 개별적으로 팔려 나갔기 때문에 가족들이 산산이 흩어졌습니다. 유태인들은 흑인들에 비해 사회적으로 기동機動하기가 용이했습니다. 흑인들은 자발적 능력을 발휘할 기회가 거의 주어지지 않았습니다. 흑인들 대부분은 너무 오랫동안 노예로 살았기 때문에 그들의 능력을 증명해 보일 수가 없었습니다.

최근까지만 해도 흑인들의 생활조건은 매우 열악했습니다. 왓츠나 디트로이트 또는 시카고의 빈민촌은 희망이 없는 지역입니다. 이곳은 마약밀매와 도박, 알코올중독 그리고 범죄가 난무합니다. 난폭하기 그지없는 경찰이 군림하고 있으며, 마피아가 이런 환경을 한껏 이용하고 있습니다.

빈민촌의 거주자들에게는 백인들의 세계가 아주 멀리 떨어져 있습니다. 그들은 백인세력의 대리인들, 즉 백인 경찰과 백인 상인, 백인 교사, 백인 사회사업가들이 점령국의 정보요원임을 알고 있습니다.

유태인들은 사회적 신망을 얻을 수 있었습니다. 수백 년 동안 억압을 받으면서 그들은 자기검열을 강화했고, 적대적인 환경으로부터 자신을 보호하는 방법을 익혔습니다. 보다 나은 교육을 받는 것이 성공의 지름길이었습니다. 특히 미합중국에서는 자식들이 보다 나은 삶을 살고 보다 많은 인정을 받게 하기 위해 그들을 대학에 보냅니다만, 그러기 위해서는 부모들이 엄청난 희생을 치러야 할 것입니다.

그렇다고 유태인들이 태어나면서부터 흑인들보다 우수하다는 얘기는 결코 아닙니다. 우리는 특히 금세기에 들어 자신의 환경을 극복하고 보다 나은 삶을 위해 정진했던 흑인 예술가들과 학자들의 용기에 놀라움을 금치 못합니다. 그들은 편견과 자기 이웃의 절망적인 상황에 맞서 투쟁했습니다. 예술과 저술은 그들과 거리가 멀었습니다. 그러나 그들은 참혹한 빈민촌에서 오로지 살아남기 위한 방편으로 예술과 학문을 택했고, 그 결과, 보다 큰 업적을 남기게 되었던 것입니다.

작금에 와서 많은 흑인 학생들이 대학에 다니고, 학문의 문이 그들에게 개방되어 있다는 사실로 미루어 보아, 흑인들이 앞으로는 기필코 보다 많은 기회를 가질 수 있을 것입니다. 중국계 미국인들과 일본계 미국인들 또한 수십 년 동안 차별을 당했습니다. 심지어 일본계 미국인들은 제2차 세계대전 당시에는 구금당하기까지 했습니다. 하지만 현재는 이들에 대한 편견이 많이 사라진 듯합니다. 그들 중 몇 명이 학문분야에서 보다 많은 노력을 함으로써 중요한 위치에 올라섰기 때문이 아닌가 합니다. 마찬가지로 흑인들의 위상도 그들의 교육수준만큼 올라가고 있습니다.

유태인과 흑인, 이들 소수집단 계열 내에서도 이따금 차별행위가 벌어집니다. 이를테면 독일의 유태인들은 동유럽의 유태인 형제들에 대해 편견을 지니며, 피부색이 옅은 흑인들은 종종 피부색이 짙은 흑인들보다 우월하다고 느낍니다.

"당신들은 좀 더 점잖게 처신해야 하오!"라는 말을 저는 종종 들었습니다. 소수집단에 속한 사람들은 다른 사람들보다 무조건 더 모범적인 삶을 살아야 한다는 생각은 완전히 잘못된 것입니다. 오히려 우리는 중병을 이겨낸 사람들을 대하듯, 보다 각별한 이해심을 가지고 그들을 대해야 합니다. 소수집단의 병은 오로지 다수자들의 무관심과 냉대로 인해 생긴 것입니다. 다수자들은 소수집단에 대한 잠재적 편견을 끊임없이 굳혀 왔습니다.

최근에 아주 마음씨 좋은 공장주가 저에게 말했습니다. "저는 당신이 관용을 설법하고 다닌다는 사실을 알고 있습니다. 하지만 당신은 현실을 전혀 모르고 있습니다. 저는 흑인 노동자들을 고용하려고 무척 애를 썼습니다. 하지만 그들은 정말 믿을 수가 없습니다. 술을 마시고 직장에 오질 않나, 어떤 녀석은 아예 코빼기도 보이지 않고 있습니다. 그들을 위해 최선을 다한 결과가 이렇습니다."

저는 그에게 백인들도 좋지 않은 버릇은 가지고 있다고 말해 주었습니다. 더 중요한 것은 많은 흑인들이 어떤 환경에서 자랐는지를 그가 이해하는 일이었습니다. 그들은 희망이 전무하고 무시만 당하는 그런 환경에서 자랐습니다. 때문에 그들은 긍정적인 생활방식을 익히지 못했습니다. 그렇습니다, 우리는 공자의 충고에 귀를 기울여야 합니다. 어떤 사람에게 화를 낼 때마다 먼저 자기 자신의 태도부터 되새겨 보라고 공자는 말합니다.

게슈타포에 의해 체포되기 몇 달 전 디트리히 본회퍼Dietrich Bonhoeffer는 다른 사람들의 유죄판결에 관한 글을 썼습니다. 그는 증오하는 태도를 가지고는 진정한 소통을 이룰 수 없다는 견해를 피력했습니다. 폭넓은 통찰력을 가지고 그는 단언합니다. "우리는 사람이 무엇을 행하고 무엇을 행하지 않는가를 보고 그를 평하지 말고, 그가 어떤 고통을 당하는가를 보고 평가해야 한다." 편견을 불식시키고 사회적 통합을 이루기 위해서는 바로 이 조언을 각별히 귀담아 들어야 합니다.

유태인들뿐만 아니라 흑인들도 통합과 민족의식 사이에서 부동浮動하고 있습니다. 우리시대에 와서 민족의식은 이 양 집단에서 크게 진척되었습니다. 그리하여 이들이 자의식과 새로운 자기이해를 진일보시켰습니다.

종교적으로 인종적으로 그리고 정치적으로 민족의식은 자존감을 강화시키는 데 도움이 될 수 있습니다. 하지만 민족의식은 일시적인 것이기도 합니다. 잊지 말아야 할 것은, 19세기에 나타난 초기 민족의식은 종종 매우 긍정적으로 작용하고, 절대군주의 억압에 대한 저항을 표현하기도 했지만, 후에는 소수집단에 대한 새로운 큰 위험이 되었다는 사실입니다.

우리가 필요로 하는 유일한 대안은 선의로 뭉친 국제적 협동작업입니다. 무슨 말인가 하면, 소수집단의 문제를 전 세계적 차원에서 바라보아야 한다는 것입니다. 우리는 항구적인 연대를 결성해 억압받는 사람들과 굴욕 속에 사는 사람들이 새로운 신망을 얻을 수 있게 해야 합니다. 그렇게 하기 위해서는 우리가 과거에 저지른 잔학행위에 대해 참회해야 할 뿐 아니라, 현재의 상처를 치료하기 위해 어떤 희생도 감수해야 합니다.

13 교수님은 파시즘이 인류의 지속적인 위협이 될 것이라고 믿으십니까?

파시즘의 본질은 무엇입니까? 파시즘에는 이중적인 역사인식이 깔려 있습니다. 이중적인 역사인식이란 선과 악의 투쟁을 두고 하는 말입니다. 선이란 집단의 계명을 따르는 것이고, 악이란 집단의 규범을 따르지 않는 것을 이릅니다. 파시즘에서는 유일무이한 통치자의 무오류성에 대한 신념이 매우 중요합니다. 자유주의와 민주주의가 히틀러에게는 퇴폐주의를 의미했습니다. 개인의 권리는 국가의 이익 뒤로 밀려나야 했습니다. 세계주의는 불가능한 꿈으로 간주되었습니다. 파시즘에서 국가는 단일성의 총체가 아니었던가요? 국가의 제반 이익이 참 정치가의 정책을 좌지우지하지 않았던가요?[여기서 '참 정치가'란 표현은 반어법으로, 히틀러와 같은 독재자를 지칭함]

히틀러는 강자가 약자를 지배해야 한다고 확신했습니다. 그는 자비와 사랑, 인도주의 등에 대한 강론은 단지 민족의 의지를 약화시킬 뿐이라고 생각했습니다.

히틀러에 의하면 기독교는 독일민족의 특성을 말살했으며, 기독교의 기본원리는 전적으로 잘못된 것입니다. 그에 의하면 기독교의 기본원리는 인간의 능력을 펼치는 데 방해만 됩니다. 때문에 근본적인 삶의 이상理想에 관한 발상의 전환이 이루어져야 합니다. 히틀러에 의하면

적은 동정의 대상이 아니라 타도되어야 할 존재입니다. 미래의 세상을 향한 삶이 아니라, 목표를 현재에 두고 현재의 세상을 위해 전력투구해야 합니다. 자연을 거스르는 삶 대신에 자연의 법칙에 순종해야 합니다. 자연이 끊임없는 적자생존의 법칙에 의해 유지되는 것처럼, 인간사회도 약자들을 제거해야 합니다.

자유를 주창하는 철학자들은 인간의 평등을 말하지만, 역사를 돌이켜 보건대 불평등에 대한 기록이 훨씬 더 많지 않습니까? 인간의 역사도 적자생존의 연속이 아니었던가요?

히틀러에 의하면 인간은 증오를 통해 강해집니다. 그가 자기 적을 비난할 때의 어조는 유난히 신경과민에 빠져듭니다. 그가 독일의 적을 공격하고 전 세계에 걸친 유태인들의 모반에 관해 이야기할 때면 그의 목소리는 목이 쉴 정도로 거칠어집니다. 히틀러에게는 편견이 생활양식이 되었습니다.

히틀러 이전에는 그 누구도 편견을 조장하기 위해 그만큼 체계적으로 선전하지 못했습니다. 행진곡과 군중대회, 성년식, 호르스트 베셀 Horst Wessel 같은 순교자들에 관한 전설, 매년 한 번씩 열리는 뉘른베르크의 전당대회, 횃불행진, 당 기관지의 격렬한 사설—이 모든 방법들이 그의 추종자들에게 무한한 투쟁정신을 고취시켰습니다.

이 선전에서는 타협이 허용되지 않았습니다. 흑과 백 사이에 회색지대는 허용되지 않았습니다. 이 선전에서 주로 이용된 주제는 신화창조를 비롯해서 유태인들의 비열성과 강압적으로 체결된 베르사유조약 등이었는데, 이러한 주제는 수없이 변주되어 반복되었습니다. 히틀러 파시즘은 극적 연출에서 그 전형을 보여 줍니다. 히틀러가 수천 명을 향해 연설을 할 때면 — 애국가와 호르스트 베셀의 노래[나치독일의 국가]를 포함해서 — 무대예술의 온갖 효과와 기술이 동원되었습니다. 히틀러에 앞서 한 연설자가 연단에 올라오는데, 이 사람은 히틀러와는 다른 웅변술로 관중들을 광신의 도가니로 몰아가며 끔찍한 적개심을 고취시킴으로써 히틀러의 가교 역할을 했습니다.

히틀러는 청중들에게 대체적으로 다음과 같은 것들을 분명히 해 두었습니다. '여러분은 생각을 하지 말아야 한다.' '여러분은 감정이 시키는 대로 해야 한다.' '여러분은 대부분 낙담하고 있다.' '여러분은 감정을 강화하기 위해 샌드백이 필요하다.' '여러분은 공격성을 부담스러워할 필요가 없다.' '나는 여러분이 문명의 법칙을 떨쳐 버릴 수 있도록 해주겠다.' '내 말을 귀담아 들으면 여러분은 증오의 힘을 통해 구원받을 수 있을 것이다.'

히틀러에게는 적들이 악惡일 뿐 아니라 본질적으로 독일의 생존을 위협하는 존재들이었습니다. 이 선전의 요점은 다름 아닌 '독일과 아리안족이 승리하느냐 아니면 완전히 패해서 어둠에 묻히느냐' 하는 것이었습니다.

히틀러는 필요에 따라 거짓말이 얼마나 중요한지를 『나의 투쟁』에서 보여주고 있습니다. 선전은 어떤 방법으로든 관중을 설득시키는 것이 일차적인 목표였습니다. 이런 상황에서 일반시민은 착각하려 들지 않겠습니까? 일반시민은 원초적 본능을 발산하고 싶지 않겠습니까? 일반시민은 이른바 섭리에 따른 올바른 길로 인도되는 것이 안전하다고 생각하지 않겠습니까? 이런 상황에서 저항은 총체적인 혼돈을 의미할 수밖에 없지 않겠습니까?

히틀러에게 평화는 타락을 의미했습니다. 평화는 지나친 자기만족과 개인주의에 빠지게 한다는 것입니다. 평화를 통해 그릇된 가치관을 지닌 민주주의가 조장된다고 합니다. 그에 반해 전쟁은 국가를 통일시킬 뿐 아니라—인간의 가장 중요한 특성인—진정한 동지의식을 낳는다는 것입니다. 전쟁의 희생자들은 정의로운 사람들이라고 합니다. 왜냐하면 그들은 강철 같은 의지와 스파르타식 생활방식을 창출해 냈기 때문이라는 것입니다.

독일은 새로운 삶의 터전이 필요하다고 히틀러는 역설합니다. 아리안족의 요구들은 충족되어야 한다고 말합니다. 왜냐하면 그들이 인류 문명의 총체이기 때문이라는 것입니다.

그 밖의 다른 인종은 아리안족에게 봉사해야 합니다. 다른 종족과의 혼혈은 어리석을 뿐 아니라, 심지어 자연의 법칙에 어긋나는 죄를 범하는 것입니다.

이렇듯 호전적인 의지가 온 나라를 지배할 수 있었기에 히틀러의 파시즘이 많은 잠재적 추종자들을 거느릴 수 있게 된 것입니다. 많은 나라의 고급장교들로부터 높이 평가받는 가치관, 이를테면 총체적 복종, 조국에 대한 무조건적 헌신, 가상의 적에 대한 증오—이 모든 속성들은 문명에 위해를 가합니다. 많은 신문들과 라디오 보도가 갈등의 원천은 도외시하고 증오와 히스테리를 조장하는 한 파시즘 정신은 사라지지 않습니다. 인문정신이 세계의 여러 지역에서 위기에 봉착하는 한,

그리고 어쩌면 발발할지도 모를 전쟁위험에 시달리는 한, 파시즘의 가혹한 시련은 극복되지 않습니다. 폭력의 대변자에 대해서는 칭송이 자자한데 평화를 지향하고 화해를 대변하는 사람은 냉대당하고 있지 않습니까?

히틀러의 경제정책은 자급경제를 지향했습니다. 히틀러는 자유무역을 지향하면 결코 소기의 목적을 달성할 수 없다고 말합니다. 왜냐하면 그것은 국가의 이익에 반하기 때문이라는 것입니다. 경제문제가 자국의 이익만을 염두에 두고 전 세계, 특히 저개발국의 사정을 도외시하는 한, 경제적 혼돈은 지속적인 위협으로 상존할 것입니다. 이러한 혼돈을 틈타 새로운 형태의 파시즘이 태동할 수 있습니다.

특히 고난이 일상화되고 고난의 원인이 파악되지 않는 가운데 고난에 허덕이게 되면, 강력한 지도자를 부를 위험에 처하게 됩니다. 경제위기는 속죄양을 요구합니다. 속죄양이 유태인이든 흑인이든 상관없습니다. 이러한 메커니즘을 통해 세계의 각 지역에서 독재자들이 큰 힘을 얻게 됩니다.

현대문명은 지속적인 불만을 만들어 낸다는 사실을 잊지 말아야겠습니다. 이상과 현실 사이의 틈새는 점점 더 벌어지고 있습니다. 현대의 통신수단은 기대치를 높여 주지만, 이 기대치가 충족되기란 여간 어려운 일이 아닙니다. 현대의 통신수단이 전 세계를 하나의 지구촌으로 만들어 감으로써, 충족되지 못한 기대치는 총체적인 환멸을 불러일으킵니다. 이러한 환멸은 새로운 형태의 전체주의 정권이 싹틀 수 있는 비옥한 토지를 제공할는지도 모릅니다.

인종주의와 극단적 제국주의 — 히틀러가 구현한 이러한 에너지는 그의 죽음과 함께 소멸된 것이 아닙니다. 특히 정치적으로 그리고 경제적으로 어려운 시기에는 이 에너지가 다시금 재발하여 우리를 위험에 빠트릴 수 있습니다.

나치 강제수용소의 참상에 대해서는 이미 널리 알려졌지만 아직도 종종 다음과 같은 말들이 들려옵니다.

- 이 끔찍한 보도들은 날조된 것이다.
- 더 많은 유태인을 독가스실로 보내야 했다.
- 히틀러는 좋은 일을 많이 했다.

혹은 보다 차원을 높여 다음과 같이 말합니다.

- 유태인들은 이미 다시금 너무 큰 힘을 얻고 있다. 이에 대한 모종의 대책을 세워야 한다.

14 반유태주의는 여러 가지 형태로 인류의 전 역사를 관류하고 있습니다. 교수님은 이런 현상을 어떻게 설명하시겠습니까?

반유태주의는 빌헬름 마르Wilhelm Maar에 의해 각인된 개념입니다. 빌헬름 마르는 유태인을 철천지원수로 생각했습니다. 그는 1883년에 『유태민족이 게르만민족을 압도하다』라는 책을 저술했습니다.

전승된 역사를 보면 반유태주의는 종종 여러 시기에 걸쳐 나타났습니다. 이미 하만Haman은 『에스더*Esther*』라는 책에서 유태인들이 페르시아 대제국을 위협하는 존재로 간주했습니다. 셀류커스 왕조 시대에는 유태인들이 나귀를 숭배하고 야만적인 의식儀式을 거행한다고 비난받았습니다. 이러한 비난은 훗날 인신제물人身祭物에 대한 고발에서 다시 반복되었습니다.

이미 오래전에 아폴로니우스Apollonius는 『반 유태인선동 연설』이라는 글에서 반유태주의의 전형을 보여주었고, 알프레트 로젠베르크Alfred Rosenberg의 『20세기의 신화』라는 글 또한 전형적인 반유태주의를 표방했습니다. 아폴로니우스는 유태인들이 무신론자인 동시에 유신론자라고 비난했습니다. 그는 유태인들을 비겁한 인간들이라고 불렀습니다. 동시에 그는 유태민족은 군인들처럼 호전적이라고 비난했습니다. 그의 논거는 수세기에 걸쳐 유포된 반유태주의 글들과 마찬가지로 비합리적이고 자가당

착에 빠져 있습니다.

알렉산드리아의 그리스 상인들에게는 유태인들이 막강한 경쟁자였습니다. 그들은 유태인들은 없어져야 한다고 생각했습니다. 타키투스 같은 선량한 로마인의 눈에도 유태인들은 통치자의 지배력에 위해를 가하는 존재로 보였습니다. 그는 유태인들의 기를 꺾어 놔야 된다고 생각했습니다. 중세의 고위성직자들에게는 유태인들이 이단자일 뿐 아니라 '참' 신앙을 모독하는 존재로 여겨졌습니다. 십자군 종군자들은 유태인을 회교도의 잠재적 동맹자로 여겼습니다. 십자군 종군자들은 유태인을 없애는 것이 신의 뜻에 따르는 길이라고 생각했습니다.

중세 말기에 둔스 스코투스Duns Skotus는 더 이상 인류를 더럽히지 않기 위해 유태인 대다수를 섬으로 보내려고 했습니다. 훗날 아이히만이 변형된 형태로 다시 이러한 제안을 했습니다. 그는 유태인들을 마다가스카르로 이주시키려 했습니다.

전염병이 퍼지면 물론 유태인들이 그 죄를 뒤집어썼습니다. 그들은 고리대금업자요 착취자라는 누명을 썼습니다. 그들을 개종시키기 위한 온갖 끔찍한 시도들이 있었습니다. 그들이 이 시도에 저항하면 신의 계명을 어기는 증거로 삼았습니다. 신학자들은 예수를 죽인 사람들이 유태인이라고 주장했습니다. 세상에 이보다 더 큰 죄악이 어디 있겠습니까?

유태인은 영원한 이방인입니다. 유태인은 언제 자신이 환영을 받고, 언제 다시 모든 것을 포기해야 할지에 관한 확신이 전혀 없었습니다. 유태인을 향한 적개심은 항상 유태인을 위협했습니다. 군주들은 이따금 자기의 채권자들을 떨쳐 버리려고 했고, 민중은 이따금 음험한 선동자들의 사주를 받았습니다.

몇몇 러시아 황제가 도탄에 빠진 국민의 원성을 잠재우기 위해 택한 가장 손쉬운 방법이 유태인들을 속죄양으로 만드는 것이었습니다. 유태인학살, 예컨대 1881년에 자행된 유태인학살은 직접 또는 간접적으로 이러한 통치자들이 후원했습니다. 몇몇 혁명가들은 유태인들을 경멸했습니다. 그들이 자본가라는 이유 때문이었습니다. 반면에 상인들은 유태인을 불신했습니다. 유태인들이 종종 혁명대열에 동참했기 때문이라는 것이었습니다. 독일과 오스트리아에서는 슈퇴켈Stökel과 쇠너러Schönerer 같은 인종주의자들이 반유태주의를 부추겼습니다. 인종적 우월성에 관한 그릇된 이론들, 예컨대 챔벌레인Chamberlain이나 고비노Gobineau 같은 사람들이 널리 알린 이론들은 많은 사람들에 의해 흔쾌히 수용되었습니다. 〈예루살렘의 최고 연장자들에 관한 기록〉은 전설로서, 유태인들이 프리메이슨과 결탁했다는 내용을 담고 있는데, 많은 사람들은 이 전설을 믿었습니다. 군사적 실패와 인플레이션, 실업, 무고誣告 등 — 이 모든 것은 속죄양을 필요로 하는 사람들로 하여금 유태인을 증오하도록 만들었습니다. 『공격수』를 비롯해서 반유태주의적 성향을 띤 잡지들은 많은 독자를 확보하고 있었는데, 이 독자들은 자신이 처한 모든 곤경의 책임이 유태인에게 있다고 믿는 사람들이었습니다.

1935년에 『공격수』에는 독일의 한 처녀가 기고한 글이 실렸는데, 이 글은 특별상을 수상했습니다. 이 글의 제목은 「유태인들 때문에 우리는 불행하다」였습니다. 이 글의 첫 문장에서 그녀는 너무 많은 사람들이 유태인에 대해 잘못된 생각을 가지고 있다고 역설했습니다. 이들이 "우리는 유태인을 동정한다. 왜냐하면 신은 유태인도 만들어 냈기 때문이다"라고 주장한다는 것입니다. 이에 대해 그녀는 다음과 같은 반론을 폅니다. "신이 유태인을 만들어 냈다는 말은 맞는 말이다. 하지만 신은 짐승도 만들어 냈다. 따라서 유태인은 짐승이다. 그러니까 유태인은 죽여도 된다. 일등국민의 눈으로 볼 때 유태인은 여하간 짐승이다. 때문에 일등국민이 자신을 보호하기 위해 유태인을 죽이는 것은 옳은 일이다." 그밖에도 이 처녀는 유태인들은 혼혈족이라는 점을 지적했습니다. 그 증거로 그녀는 남태평양의 격언을 인용했습니다. "신은 백인을 만들었다. 그리고 신은 흑인을 만들었다. 하지만 혼혈족은 악마가 만들었다."

그녀는 계속해서 말하기를, "유태인은 탈무드라는 더러운 책을 썼으며, 유태인은 러시아를 황폐화시켰고, 공산당을 지배한다"라고 주장했습니다. 히틀러에게 그녀는 구세주 같은 존재가 아니었겠습니까?

그녀는 자기의 고향 겔젠키르헨을 가리키며 기고문을 마감했습니다. "유태상인 그륀베르크는 항상 상한 고기만 팔며, 이득만 챙기려 한다. 그런 행위를 유태인들의 신은 허용한다." 그녀는 자기 부모가 유태인한테서는 아무것도 사지 않는다는 것을 자랑스러워했습니다. "우리가 유태인에게 동전 한 푼을 줄 때마다 우리 국민 한 사람이 죽는다. 히틀러 만세!"

아돌프 히틀러는 『나의 투쟁』에서 "선전이 원시적이면 원시적일수록 일반국민에게 잘 통한다"라고 말했습니다.

이러한 증오가 어떤 결과를 가져왔는지 오늘날 우리는 잘 알고 있습니다. 그럼에도 불구하고 반유태주의는 여전히 맹위를 떨치고 있습니다. 미합중국에서는 유태인과 가톨릭신자, 흑인들에 대해 반대투쟁을 벌이는 큐클럭스클랜의 추종자들이 수만 명에 달합니다. 미합중국에는 심지어 나치당이 버젓이 있습니다. 특히 60년대에는 독일에 있는 유태인들의 건물과 유태인 공동묘지에 대한 주기적인 훼손행위가 일상화돼 있었습니다. 남미, 특히 아르헨티나에서는 반유태주의 운동이 끊임없이 전개되고 있습니다. 제2차 세계대전 이후에 독일 사람들의 추적에서 벗어난 나치당원들의 원한 서린 잡지 『길』은 많은 독자를 가지고 있습니다.

15 오스트리아는 경제적으로 큰 발전을 이루었음에도 불구하고 아직도 여전히 반유태주의가 기승을 부리고 있는데, 그 이유를 교수님은 어떻게 설명하시겠습니까?

이 모든 것은 반유태주의가 위기시기에만 나타나는 증상이 아니라는 점을 확인시켜 줍니다. 반유태주의는 생활양식이 될 수도 있다는 말입니다. 『최신 신앙정보』에서 저는 다음과 같은 글을 읽었습니다.

> 내 반에는 유태인 한 명이 있었다. 나는 이제 그 아이의 이름이 뭔지 기억하지 못한다. 지금 내 기억에 남은 건 그의 얼굴뿐이다. 그는 우리 반에 오래 있지 않았다. 그의 성적은 중간 정도였는데, 어떤 과목은 다른 애들보다 좋은 점수를 받았고, 어떤 과목은 나쁜 점수를 받았다. 그 아이가 전학을 간 것은 점수 때문이 아니었다. ─우리가 그렇게 만든 것이다. 어떤 애가 "예수 살해범"이라는 말을 꺼냈는데, 그 애가 누군지 지금은 기억이 나지 않는다. 이날부터 '유태인'은 편안한 시간을 보낼 수 없었다. 반에서 그 아이는 따돌림을 당했고, 방과 후에는 폭행을 당하기도 했다……. 어느 날부터 그 아이는 더는 수업에 들어오지 않았다.
>
> 그게 언제였던가?
>
> ─1952년 비엔나의 중등학교에서

오스트리아 사람들 1,330명을 대상으로 조사한 편견의 문제는 큰 시사점을 던져 줍니다. 이들 중 40%가 유태인과 악수하기를 매우 꺼려했습니다. 그들은 유태인이 정말로 싫다는 것입니다. 설문에 답한 사람들 중 4분의 1이 유태인 자신이 박해를 당할 짓을 했다고 주장했습니다. 걱정스러운 것은, 윗세대가 체계적으로 구축한 편견들이 많은 젊은 세대에게 그대로 전염되었다는 사실입니다.

반유태주의의 상당 부분은 아주 비뚤어진 역사교육을 통해 주입되었습니다. 많은 교사들이 열광적인 나치 당원이었습니다. 실제로 많은 지식인들이 나치즘에 커다란 매력을 느꼈습니다. 제2차 세계대전 중 오스트리아에서는 너무 많은 유태인들이 중·고등학교와 대학에 다니고 있다는 얘기들이 종종 들렸습니다. 학부모들과 마찰을 두려워한 나머지 선생들은 몸보신 차원에서 무사안일주의를 택했으며, 1938년과 1945년 사이의 기간에 대해서는 아예 언급을 회피했습니다. 많은 학교에서는 히틀러정권에 대해서 자세한 언급을 할 수가 없다는 얘기들이 흘러 나왔습니다. 객관적인 안목을 지닐 만한 충분한 거리를 아직 확보할 수 없었기 때문이라는 것이었습니다. 몇몇 선생은 히틀러가 실직문제를 해결하고 고속도로를 건설했다는 점을 강조했습니다.

집에서는 많은 대학생들이 히틀러 치하에서는 질서가 잘 유지되었고, 히피도 범죄도 없었다는 얘기를 부모들로부터 들었습니다. 그런 식으로 많은 아버지들이 아직도 여전히 전쟁 경험에 열광하고 있었습니다. 이들의 삶이 지루하고 불만족스러웠던 것입니다. 이들은 반항하는 자기 자식들 앞에 속수무책이었습니다. 자식들은 구세대의 업적에 대해 존경심을 표하지 않았습니다.

저는 독일이나 오스트리아 어느 나라와 연관해서도 반유태주의의 규모를 과대 포장할 생각은 없습니다. 중요한 것은 반유태주의의 영향을 최소화하기 위해 진지하고 효과적인 연구가 이루어져야 한다는 것입니다. 반유태주의를 저지하기 위해 많은 기구들이 만들어졌습니다만, 우리가 간과하지 말아야 할 것은 반유태주의는 매우 빠른 속도로 파급될 수 있다는 사실입니다.

16 인종에 관한 상투적인 사고는 어떻게 생기는 것입니까?

언젠가 저는 한 대학교 세미나에서 학생들에게 다음과 같은 특징들이 어떤 집단에서 잘 나타나느냐고 물었습니다.

- 그들은 성공한 사람들이다.
- 그들은 대체로 총명하다.
- 그들의 가족은 결속이 잘 된다.
- 그들은 관습을 엄격하게 지킨다.
- 그들은 돈을 중요시한다.
- 그들은 사업욕이 매우 강하다.
- 그들은 부지런하다.

학생들은 이런 성향을 지닌 집단을 일제히 유태인과 연결시켰습니다. 그런가 하면 말레이 사람들은 그들이 적대시하는 소수 집단인 화교華僑가 바로 이런 성향을 지니고 있다고 생각했습니다.

문제의 심각성은 성공한 소수집단이 공격의 대상이 되고 있다는 데 있습니다. 이를테면 타일랜드와 인도네시아, 필리핀에서는 중국인 학교가 문을 닫았습니다.

캄보디아에서는 중국 책자와 신문 발행이 금지되었습니다. 말레이시아에서는 많은 화교 상점들이 차압당하여 부미피투라라고 불리는 본토인들의 수중으로 넘어갔습니다.

서칼리만탄에서는 중국인들이 공적으로는 자기네 언어를 사용할 수 없습니다. 심지어 인도네시아에서는 한 국회의원이 중국인들은 전화상으로도 모국어를 사용하지 못하게 하는 안을 발의했습니다.

동남아의 어떤 지역에서 봉기가 일어나면 사람들은 항상 배후에 중국인 선동자들이 있을 것이라고 추측합니다. 동시에 중국인들은 경제적으로 성공했기 때문에 시샘을 당합니다. 베트남 수입물량의 80%를 중국인들이 좌지우지하고, 섬유산업은 100%가 중국인들의 수중에 들어 있습니다. 방콕에서 가장 큰 은행의 지분이 중국인 소유로 되어 있고, 싱가포르의 최대은행인 Overseas Chinese Banking Corporation은 중국인 가문이 소유하고 있습니다. 방콕의 재력가 중의 한 사람인 우출리앙은 중국인들의 성공비결을 다음과 같이 말합니다. "일, 일 그리고 과용 안 하기."

유태인과 중국인은 비슷한 세계관과 생활철학을 지니고 있습니다. 두 집단은 이 세상의 자산을 강조합니다. 이 두 집단은 합리적인 성향을 지니고 있습니다. 이들은 배움의 의미를 강조합니다. 이들은 스승을 매우 존경합니다. 이들은 행복한 가정생활에서 의미와 안정을 찾습니다.

그렇습니다. 심각한 문제는 또 있습니다. 이 소수집단의 젊은이들은 현지에 적응하느냐 아니면 모국과 유대관계를 유지하느냐 하는 문제를 두고 갈등합니다.

많은 젊은 유태인들에게 이스라엘은 매우 매력적입니다. 그리고 젊은 중국인들에게는 중국 본토가 새로운 미래를 여는 희망의 땅입니다. 하지만 동시에 현지에 적응하고자 하는 욕망 또한 대단히 큽니다. 자신의 혈통을 잃지 않으려는 노력이 왜 없겠습니까? 현지에 적응함으로써 박해를 벗어나고 싶은 생각이 왜 없겠습니까? 왜 편안한 삶을 살고 싶은 생각이 없겠습니까?

유태인과 중국인들이 특정 직업에 종사할 기회를 박탈당한 이래로 그들은 경제 방면에서 성공하기 위해 많은 노력을 기울였습니다. 수백 년에 걸쳐 유태인은 질이 낮은 군인이라는 소리를 들어왔습니다. 이스라엘 군인들의 성공은 이러한 생각이 잘못되었다는 점을 세상에 널리 확인시켜 주었습니다. 마찬가지로 중국인들도 열등한 전사戰士라고 여겨졌습니다. 하지만 공산주의 중국은 그 반대임을 백일하에 증명했습니다.

이 모든 것은 인종적 편견이 이성적 사고에 근거하지 않고 있음을 보여 줍니다. 인종적 편견은 오히려 이 집단에 속하지 않은 사람들의 질투와 시기 그리고 거부감에 그 뿌리를 두고 있습니다. 유태인들의 경우에는 이와 반대일 수도 있습니다. 그들은 다수집단과의 접촉을 거의 끊거나, 옛 규범을 지킴으로써 그들의 정체성을 은폐시키고자 하기 때문입니다. 아니면 그들은 동화되기 위해 기꺼이 이름을 바꾸기도 합니다.

거부감은 강박관념을 불러일으킵니다. 소수집단은 서서히 모반혐의를 받게 됩니다. 예컨대 인도네시아의 신문들은 종종 자기 나라에 거주하는 중국인들이 위험한 존재였다고 주장합니다. 왜냐하면 중국이 국내 분쟁에 끼어들었기 때문이라는 것입니다. 하지만 사실상 본토 중국인들은 이웃나라들의 독립을 존중하며, 해외에 거주하는 화교들이 '밖에서' 그 나라에 충직한 국민이 되어 주기를 바랍니다.

오스트리아에 거주하는 유태인들은 자기네 조국에 대한 소속감이 매우 강합니다. 그러나 그들은 독일문화도 높이 평가합니다. 합스부르크 시대에 폴란드에 있던 유태인 학교들은 독일 국가주의의 전초기지였습니다. 그럼에도 불구하고 사람들은 유태인에게 적대적이었습니다. 반유태주의자들에게는 근본적으로 어떤 동향動向이든, 예컨대 국가주의와 세계주의, 자본주의와 공산주의, 보수주의와 자유주의 등이 유태인들에 의해 기획되었다고만 하면, 그것은 곧 전 세계적인 모반의 증거였습니다.

인종주의적 사고는 미리 사람을 구분지어 놓습니다. 가령 흑인들이 백인들 이웃에 거주하면서 아주 올바르게, 법에 어긋나는 일 없이 살면, 다시 말해 모든 관계에서 모범시민으로 행동하면 그건 당연한 것으로 받아들입니다. 하지만 흑인들이 조금만 시끄럽고 질서를 지키지 않거나 소유권을 존중하지 않으면 선입견이 발동하게 되고, "그들은 항상 저렇다니까!"라는 말이 나옵니다. 그리고 유태인이 남다른 성공을 거두면, 모든 유태인들은 간교하고 사업수단이 뛰어나다고 말합니다. 하지만 이렇게 말하는 사람들은 가난 속에 절망적인 삶을 살았고, 현재도 그런 삶을 살고 있는 유태인들이 많다는 사실을 외면합니다.

17 편견은 타고나는 것이 아닌가요?

인류학 연구는 통계학적 인간 본능에 대한 표상은 잘못된 것임을 증명했습니다. 루스 베네딕트Ruth Benedict는 원시부족에 관한 연구에서 극단적인 공격성(콰키우틀족의 경우)에서 시작해서 협동적인 행동방식(주니족의 경우)에 이르기까지 인간 상호간의 모든 관계에 관해 기술했습니다. 인간의 행동은 현대사회의 경우에도 원시공동체에서와 마찬가지로 아주 다양한 양태를 지니고 있습니다.

편견은 사회 상황(환경, 가족의 행동표본 등)과 밀접한 관계를 지닙니다. 태어날 때부터 편견을 지닌 아이는 없습니다. 아이들은 전통과 어른들의 가치관으로부터 편견을 물려받습니다.

때문에 퀘이커교도에게는 선입견이 있는 자식들이 거의 없습니다. 이들의 공동체는 친절과 협동을 장려합니다. 이들은 계급사회를 퇴치하기 위해 줄곧 투쟁했습니다. 이들은 처음부터 전쟁을 악의 총체로 간주했습니다. 이들은 소수집단 편에 섰습니다. 그들이 흑인이든 백인이든 아니면 황인종이든 상관없이 말입니다. 이들은 수감자를 위로하거나 정신박약자를 보호하는 데 획기적인 모범을 보여주었습니다. 모든 면에서 이들은 인종의 다양성을 보장했습니다.

퀘이커교도의 눈에는 어떤 종류의 편견이든 불식되어야 할 무지의 소산입니다. "우리는 모두가 신의 자식이 아닙니까? 우리는 모두 평등하지 않습니까? 우리 모두가 신이 내린 풍요에 제 몫을 가지고 있지 않습니까?"

기존의 종교들은—동양이나 서양을 가릴 것 없이—유감스럽게도 너무 종종 다른 입장을 취했습니다. 기존의 종교들은 관용정신 대신에 배타정신을 함양했고, 사람들을 하나로 묶어 연결시키는 대신에 분리시키는 데 치중했으며, 다수의 평등 대신에 소수의 지배를 조장했습니다. 기존의 종교들은 일상생활에서 입증되어야 할 믿음 대신에 추상적인 개념에 사로잡혀 있었습니다. 거기서 끝이 아닙니다. 예컨대 종교기구들은 소수집단을 보호하는 대신에 현상유지에 급급했습니다.

기존의 종교들은 때때로 권력과 성과를 지상목표로 삼았습니다. 하지만 이런 것들은 사실상 참다운 종교생활과는 거리가 멉니다.

인도의 위대한 사상가 라드하크리쉬난Rhadhakrishnan은 언젠가 다음과 같이 말했습니다. "맹신자들은 거의가 끝내 만행을 저지르고 만다."

인종에 대한 편견은 종종 객담이나 다음과 같은 말들을 통해 생겨납니다.

- 그들은 간사하다.
- 그들은 이익만 추구한다.
- 그들은 거만하다.
- 그들은 더러운 방법을 사용한다.

독일 나치정권의 전개과정은 편견이 어떤 결과를 낳을 수 있는지를 잘 보여 줍니다. 차별에서 시작해서 다음으로 고립, 그다음에는 유형, 이어서 강제노동 그리고 가스실로 끝이 납니다.

18 독일에서 수백만에 달하는 사람의 목숨이 위험에 처했을 때 세계 여론의 반응은 왜 그렇게 미미했습니까?

1983년에 열렸던 에비앙 회의는 여러 국가들의 대답이 불분명했다는 사실을 웅변해 줍니다. 이를테면 영국은 자기네 해외영토에는 많은 수의 유태인이 정착할 만한 장소가 없다고 주장했습니다. 그런가 하면 프랑스는 이미 20만 명에 달하는 망명자를 받아들였기 때문에 더는 받아들일 수 없다고 했습니다. 차별색이 짙은 이주민정책을 펴는 호주는 많은 수의 유태인들이 정착하면 인종 간의 갈등이 발생할지도 모른다는 이유로 이들을 받아들일 수 없다고 했습니다. 특히 호주당국의 태도는 우리를 우울하게 합니다. 왜냐하면 이 나라에는 아직도 사람들이 거주하지 않는 지역이 광활하게 널려 있기 때문입니다.

캐나다, 컬럼비아 그리고 베네수엘라는 농장에서 일할 수 있는 망명자만 받아들이겠다고 했습니다. 아르헨티나의 인구는 미합중국의 10%밖에 안 되는데, 다시 말해 충분한 땅을 지니고 있음에도 불구하고 미국과 같은 수의 망명자만 받아들였습니다.

페루는 의사들과 기타 지식인들의 입국에 반대했습니다. 페루의 대표자들은 이민 '선발의 합리적인 기준'을 어떻게 적용할 것인지, 미국의 이민정책이 그 방법을 세계에 제시했다고 말했습니다. 네덜란드와 덴마크만이 그 좁은 국토에도 불구하고 더 많은 피난민을 받아들일 준비가 되어 있었습니다.

회의를 주재한 미합중국은 제스처만 컸지 실제로 받아들인 이민은 별로 많지 않았습니다. 다시 말해 미국은 앞으로 완전히 합법적인 이민자들만 오스트리아와 독일에서 배당받겠다고 선언했습니다. 미국이 받아들인 망명자 총수는 27,370명입니다.

항상 추방 위협에 시달리는 망명자들의 운명이 레마르크의 『개선문』에 극명하게 묘사되어 있습니다. 망명자들의 경제적인 어려움은 상상을 초월합니다. 이들은 추적당할까 봐 두려웠고, 독일로 추방당할까 봐 불안해했습니다. 독일로 추방된다는 것은 유태인 집단수용소행, 즉 죽음을 의미했습니다.

독일에 의해 점령당한 나라들의 경찰은 대부분 게슈타포와 밀접하게 연결되어 있었습니다. 노르웨이와 덴마크의 상황은 덜 위험했습니다. 이 나라들에는 반유태주의가 다른 점령국가들보다 덜 유포되어 있었기 때문입니다. 용감한 사람들이 숨겨 준 덕분에 수많은 유태인들이 목숨을 구할 수 있었습니다. 잊지 말아야 할 것은 이런 행동이 발각되면 사형에 처해진다는 것이었습니다.

연합국은 유태인을 구하기 위해 분명 훨씬 더 많은 일을 할 수 있었습니다. 공식적인 성명聲明은 가능하면 속히 전쟁을 승리로 끝내는 것이었습니다. 그렇게 하는 것이 유태인의 비참한 운명을 종식시킬 수 있는 최선의 길이라고 했습니다. 하지만 실제로 연합국의 정치가들은 유태인 망명자들을 너무 많이 도우면 그들 자신의 인기가 떨어진다고 생각했습니다.

19 유태인의 고통에 대한 기억을 생생하게 간직하기 위해서 우리는 무엇을 해야 합니까?

"과거는 잊어야 한다, 중요한 것은 현재다"라고 생각하는 사람들이 많습니다. 한 세대에게 그 전 세대의 잘못에 대해 책임을 지게 할 수 없다는 얘기라면 그런 생각은 옳습니다. 연좌제 이론은 분명 잘못된 것입니다. 하지만 과거의 고통에 대한 기억은 현재의 위험을 직시하기 위해 깨어 있어야 합니다.

흑인들 문제를 생각해보면, 흑인들이 노예선에서 몇 백만 명이나 죽어 갔는가를 상기해 봐야 합니다. 미국 남부지방의 농장에서 흑인들은 얼마나 절망적이고 비인간적인 삶을 살았습니까? 할렘이나 와츠의 생활환경은 오늘날에도 그렇게 썩 나아진 것이 없습니다. 이 지역에서 산다는 것은 좌절과 굴욕을 의미합니다. 유태인 역사에서 아우슈비츠는 인간이 자행한 야만의 상징입니다. 세계의 여러 지역에 집단수용소가 아직도 여전히 존재한다는 사실은 인도주의가 별로 발전을 이루지 못했다는 증거입니다.

우리는 개인의 운명을 주시해야 합니다. 왜냐하면 우리는 6백만이 넘는 유태인들이 몰살당했다는 것이 무엇을 뜻하는지 상상조차 할 수 없기 때문입니다. 이 수치는 너무나 압도적입니다.

비근한 예로 빌레펠트에서 살았던 로젠펠트Rosenfeld 부부의 운명을 들어보겠습니다. 로젠펠트 씨는 직장을 잃었습니다. 그와 그의 부인은 병이 들었습니다. 하지만 이들은 합당한 의료혜택을 받지 못했습니다.

로젠펠트 가족은 전화를 소유할 수 없었습니다. 이들은 오후 한 시간 동안만 장을 볼 수 있었습니다. 이들은 버스를 이용할 수 없었습니다. 공원의 대부분 벤치에는 "아리안인만을 위한 자리!"라는 팻말이 붙어 있었습니다. 유태인이 아닌 이들의 친구들은 모두 이들을 외면했습니다. 히틀러 시대 이전에 이들은 커다란 저택에 살았습니다. 시간이 날 때마다 이들은 손님을 집으로 초대했습니다. 이들은 스위스와 이탈리아, 벨기에로 여행을 자주 다녔습니다. 그런데 지금은 이들에게 여행이 더는 허용되지 않았습니다. 이들은 방 하나에 살았습니다. 겨울에는 방에서도 외투를 입어야 했습니다. 난방을 할 돈이 부족했기 때문입니다.

이런 굴욕은 치밀하게 계획된 것이었습니다. 이들이 입은 옷 상의 왼편에는 노란 바탕에 '유태인'이라는 글자가 새겨진 여섯 모난 별이 부착되어 있었습니다. 이 별은 잘 알아볼 수 있어야 하고 크기가 손바닥만 해야 한다는 법령이 있었습니다. 로젠펠트는 이 인식표 없이는 집밖을 나갈 수 없었습니다.

이들은 옛 친구들로부터 욕을 먹는 일이 많아졌습니다. 이들은 심지어 아이들로부터 몇 차례 돌팔매질을 당하기도 했습니다.

이들은 게슈타포가 너무 무서웠습니다. 누가 층계를 올라오는 소리를 들으면 이들은 깜짝 놀라곤 했습니다. 이들은 경찰 사이렌 소리만 들려도 '지금 게슈타포가 우리를 체포하러 오는 것은 아닌지?' 하는 생각에 심장이 바짝 조여들었습니다.

그러고 나서 드디어 추방의 날이 왔습니다. 모든 귀중품은 남겨둔 채 신분증만 지참하고 갈 수 있었`습니다. 생필품카드와 취업증명서, 연금카드는 반납해야 했습니다. 행장行裝은 25Kg으로 제한되었는데, 여기에는 이틀간 먹을 식량과 무거운 구두 그리고 이불도 포함되어 있었습니다. 이른 아침에 들이닥친 경찰은 이 부부를 아주 거칠게 다루었습니다. 경찰의 주요 관심사는 이들의 무기소지 여부와 귀중품 은닉 여부였습니다. 경찰에게는 이들이 동정을 베풀어야 할 늙은이들이 아니라 사라져야 할 유태인일 뿐이었습니다.

로젠펠트 부부는 기차가 출발할 때까지 여섯 시간을 기다려야 했습니다. 이들은 거의 쓰러질 정도로 몸이 쇠약해져 있었습니다. 이들은 한 여자가 지금 막 들어오는 기차에 몸을 던져 자살을 기도하는 것을 목격했습니다. 이들을 목적지까지 운반할 기차는 원래 동물을 실어 나르는 화물열차였는데, 이 기차에 노인들과 젊은이들, 환자들과 건강한 사람들이 한데 섞여 꽉 들어찼습니다. 객실마다 사람이 얼마나 빽빽이 실렸는지 숨이 막힐 지경이었습니다. 삼 일째 되는 날에는 음식이 전혀 나오지 않았습니다. 모두 배가 고프고 갈증이 났습니다. 위생시설도 전혀 갖추어져 있지 않아 참을 수 없을 정도로 악취가 심했습니다.

기차는 여러 차례 정차했습니다. 무기와 군인들을 전선으로 운송하는 군용열차들을 먼저 보내야 했기 때문입니다. 이들을 수행하는 감시병들은 기차가 설 때마다 아무도 밖에 나가면 안 된다고 호통을 쳐 댔습니다. 어쩌다 밖에 나갔던 사람들은 그 자리에서 총에 맞아 죽었습니다. 로젠펠트 부부는 배가 너무 고팠습니다. 이들은 적십자사에서 파견 나온 처녀들이 군인들에게 청량음료와 담배를 제공하는 것을 보았습니다. 물론 그 처녀들은 유태인을 거들떠보지도 않았습니다.

기차가 마침내 집단학살수용소에 도착했을 무렵에는 이미 승객의 1/4이 죽어 있었습니다. 우크라이나 경찰은 열차에서 사람들을 밖으로 몰아내기 위해 가죽채찍을 휘둘러 댔습니다. 이어서 선별작업이 있었습니다.

로젠펠트 부부는 이미 늙은 나이였기 때문에 선별담당 의사는 이들을 화장터 방향으로 배치했습니다. 누군가가 옷과 신발을 벗으라고 큰 소리로 명령을 내렸습니다. 의수와 의족도 떼어내라고 명령했습니다. 여자와 아이들은 삭발을 당했습니다. 대열은 천천히 가스실로 향했습니다.

여러 가지 소문이 돌았습니다. 몇몇 사람은 샤워실로 간다고 말했고, 어떤 사람은 샤워실이 어떤 목적으로 쓰이는지를 더 정확하게 알고 있었습니다. 아이들은 울음을 터뜨리며 도망을 가려고 했습니다. 그러자 감시병들은 아이들에게 매질을 해서 제자리로 돌려보냈습니다.

빌레펠트에서 온 부부는 아직도 여전히 기대를 버리지 않고 있었습니다. "집단학살 소문은 분명 헛소문일 거야. 어떤 국가도 그런 범죄는 허용하지 않는다고." 이들은 확성기에서 들려오는 소리, 즉 남자들은 적당한 일자리를 얻을 것이며, 여자들은 주방이나 병원에서 일을 돌보고, 환자들은 충분히 간병을 받을 것이라는 소리에 희망을 걸고 있었습니다.

마침내 로젠펠트 부부는 400명에 달하는 다른 사람들과 함께 이른

바 샤워실로 들어섰습니다. 그들은 비누와 수건을 지급받았습니다. 지금부터 샤워를 할 수 있다는 착각을 심어 주기 위한 조치였습니다. 하지만 곧이어 문들이 철통같이 닫히자 그들은 종말이 왔다는 사실을 깨닫게 되었습니다. 가스관이 열렸을 때 그들의 두려움과 절망감은 극에 달했습니다.

유태인집단강제수용소—미 정보국의 기록문서는 베르겐-벨젠 수용소에 관해 다음과 같이 기록하고 있습니다. "시체들을 화장할 거대한 가마들이 설치되어 있었다. 그러나 벨젠과 부헨발트에는 시신들의 수가 너무 많아 가마가 부족할 정도였다. 그밖에 이곳에는 석탄도 매우 부족했다. 영국 위생국의 조사에 의하면 전쟁이 끝나기 몇 달 전에는 3만 명에 달하는 사람들이 베르겐-벨젠에서 죽었다고 한다. 이곳에 온 영국군은 불에 탄 유골들이 매장된 거대한 구덩이들 외에도 채 부패되지 않은 시체들도 엄청나게 많이 발견했다."

『안네 프랑크의 일기』는 우리 시대에 가장 많이 읽힌 책들 중의 하나입니다. 헤아릴 수 없이 많은 부수가 문고판으로 팔렸습니다. 안네를 기념하기 위한 클럽이 만들어졌고, 그녀의 운명에 관한 영화도 세계 각지에서 상영되었습니다. 이 책이 왜 그렇게 큰 성공을 거두었을까요? 이 문고판이 왜 그렇게 소중한 교재가 되었을까요? 이 책이 왜 모든 역사교육의 한 부분을 차지할까요?

안네는 전형적인 소녀였습니다. 그녀는 그녀 또래의 소녀들 대부분이 그런 것처럼 감수성이 예민했습니다. 그녀의 가족은 그녀를 잘 이해하지 못했습니다. 그녀는 평화와 화합을 꿈꾸었지만 그것은 그녀 생전에 이루지 못할 꿈이었습니다. 그녀는 사랑에 빠졌습니다. 하지만 그 사랑은 이루지 못할 비극적인 막간극이었습니다.

우리가 그녀와 함께 뒤채에 산다고 한번 가정해 봅시다. 그녀가 무시무시한 비밀경찰을 기다리고 있을 때의 두려움을 함께 느껴 봅시다. 낯선 사람들은 하나같이 잠재적인 배신자들입니다. 뜻밖의 소리가 들리면 최고의 위험이 닥쳐왔다는 신호입니다. 누가 그녀의 은신처를 향해 계단을 올라온다면 그녀와 더불어 우리도 온몸이 떨리겠죠. 우리는 그녀와 그녀의 가족과 함께 아직 기적이 일어날 수 있다는 희망을 가져보지만, 그들의 운명은 돌이킬 수 없다는 사실을 우리는 알고 있습니다.

20 집단학살수용소의 감시병들은 어떤 역할을 했습니까? 그들은 모두가 사디스트인가요?

이 문제를 일반화해서는 안 됩니다. 많은 감시병들은 사실상 유태인을 인간존재로 보지 않는 세뇌교육을 받았습니다. 유태인들은 제거해야 할 짐승이었습니다. 몇몇 나치친위대요원들은 유태인을 인간적으로 대하기도 했습니다. 그러나 대다수는 소름끼치는 고문방법을 즐겼습니다. 어린아이들의 목을 자르고, 임신부를 찔러 죽였습니다. — 이 모든 짓은 사디즘의 발로입니다.

평소에는 이런 야만적인 본능이 억제되어 있습니다. 전쟁은 개인에게 사디즘의 자유로운 분출을 허용합니다. 나치친위대의 고문 만행은 훗날 알제리 주재 프랑스 경찰들과 칠레의 군사혁명정부 그리고 브라질의 비밀경찰요원들에 의해 재현되었습니다. 솔제니친은 러시아에서도 이러한 만행이 정제된 방법으로 자행되고 있다고 기술합니다.

아우슈비츠에서 나치친위대에 소속된 한 의사의 일기가 발견되었습니다. 그는 특히 그곳의 음식이 독일보다 훨씬 좋았다는 점을 부각시켰습니다. 그러면서 그는 무더위와 충분치 못한 위생시설에 대해서는 불평을 했습니다. 그리고 그는 특별홍보용으로 담배와 소시지, 빵 그리고 많은 양의 술 등이 덤으로 급식되었다고 적었습니다.

그는 이곳 수용소의 분위기를 단테의 '지옥' 장면과 비교했습니다. 하지만 음식의 질만큼 그를 감동시킨 것은 없었습니다. 1942년 9월 20일을 그는 휴일이라고 적었습니다. 80명으로 구성된 대단위 심포니오케스트라의 연주가 있었습니다. 폴란드의 음악가가 지휘한 연주는 훌륭했습니다. 하지만 물론 저녁 음식으로 나온 돼지고기구이만은 못했습니다.

21 이곳 중부유럽에서는 이렇듯 극심한 반유태주의가 이제는 과거지사가 되었습니다. 그 대신에 외국인 노동자들에 대한 편견이 대두되는 것 같습니다. 교수님은 이런 현상을 어떻게 보십니까?

외국인 노동자들은 주거환경이 열악한 지역에 거주하며 낮은 임금을 받을 뿐 아니라, 일반 시민들도 커다란 편견을 가지고 이들을 바라봅니다. 심지어 민주주의 역사가 오래된 스위스에서도 그리고 스웨덴에서도 (특히 핀란드 노동자의 처우 면에서) 상황은 별로 다르지 않습니다. 스웨덴은 다른 부문, 이를테면 진보적인 입법의 경우는 타의 모범이 되고 있는데도 말입니다.

최근에 저는 비엔나의 한 공원에서 유고슬라비아 외국인 노동자를 만났습니다. 그는 길을 물을 경우 반드시 두 사람에게 물어야 한다고 내게 말했습니다. 그러지 않으면 고의적으로 다른 길을 가르쳐줄 위험을 감수해야 하기 때문이라는 겁니다.

1973년 에른스트 게마허Ernst Gehmacher를 주축으로 한 사회학자 그룹의 연구에 의하면 오스트리아 국민의 51%가 외국인 노동자는 "더럽다"고 했으며, 52%는 미개하다고 했습니다. 외국인 노동자가 특히 많은 지역의 편견은 더욱 심합니다. 이곳에서는 주민 59%가 외국인 노동자는 더럽다고 하고, 70%가 미개하다고 생각합니다. 연구에 의하면 여자들이 남자들보다 편견이 더 심합니다. 오스트리아 국민의 39%가 외국인 노동자를 이웃에 두고 싶어 하지 않습니다.

외국인 노동자들은 특히 거주환경상의 불편을 하소연합니다. 그리고 사회적 접촉 문제에서도 어려움이 있다고 하소연합니다. 이들의 대표적인 푸념을 열거해 보면 다음과 같습니다.

- 여덟 명이 한 방에서 살아야 한다.
- 스무 명의 주민이 쓸 수 있는 화장실이 하나밖에 없다.
- 개가 우리보다 나은 집에 살고 있다.
- 오스트리아 사람들이 집 전체를 위해 지불하는 돈을 내고도 우리는 방 하나밖에 얻지 못한다.
- 어떤 음식점은 우리에게 아주 불친절하다.
- 우리 아이들은 학교에서 따돌림을 당한다.
- 대부분의 처녀들은 우리를 상대조차 하지 않으려고 한다.
- 우리 고향에서는 사람들이 대부분 친절한데 여기서는 적의에 찬 사람들만 만난다.

근래에 저는 아홉 살 어린이와 얘기를 나눈 적이 있습니다. 이 어린이의 반에는 외국인 노동자의 자녀들도 몇 명 있었습니다.

"너희 반에서는 외국인 노동자 아이들이 어떻게 지내니?"

"아, 우린 그 애들한테 별 관심이 없어요!"

"넌 그 애들과 함께 놀지 않니?"

"별로요."

"그 애들을 네 생일에 초대하니?"

"아니요."

"왜 초대 안 하는 건데?"

"그 애들은 더럽고, 몇 명은 고약한 냄새도 나거든요."

"너희 선생님은 그 애들이 너희와 함께 어울리도록 힘써 주시니?"

"아니요!"

전차에서 만난 한 남자와 나눈 이야기를 통해 저는 또 다른 편견의 전형적인 유형을 확인할 수 있었습니다. 그의 나이는 약 40세가량 되어 보였으며, 직업은 버스기사였습니다.

"외국인 노동자를 어떻게 생각하십니까?"

"너무 많아요, 너무 많아!"

"그럼 어떻게 했으면 좋겠습니까?"

"그 사람들 모두 자기 나라로 돌려보내야죠."

"그래요, 그럼 오스트리아 경제는 어떻게 될 것 같습니까?"

"우리가 일을 더 해야겠죠. 그렇게 해야 우리 경제가 더 나아질 겁니다."

"왜 외국인 노동자를 싫어하십니까?"

"그 사람들은 야만스러워요. 그 사람들이 사는 곳은 온통 돼지우리가 돼버리고 말아요. 그 사람들은 짐승이라니까요."

"개인적으로 아는 외국인 노동자가 있습니까?"

"없습니다. 난 그들과 가까이 지내고 싶은 생각이 없습니다. 그 사람들을 보기만 해도, 그리고 그 사람들이 소리 지르는 것만 들어도 진절머리가 납니다."

외국인 노동자들은 여러 방면에서 업신여김을 당합니다. 예컨대 그들은 관공서에 가면 무시를 당합니다. 서류 한 가지만 떼려 해도 그들은 한없이 기다려야 합니다. 관리들은 그들을 향해 소리를 지르거나 다른 방법으로 적개심을 표현합니다. 외국인 노동자가 병에 걸리면 그들은 의사를 찾는 데 오랜 시간이 걸리기가 일쑤입니다. 게다가 의사는 외국인 노동자를 삼류인간 취급을 합니다. 그들은 진찰보조원이나 간호사에게 맡겨지는데, 이들도 대부분 외국인 노동자를 업신여깁니다.

독일에 거주하는 외국인 노동자가 한번은 저에게 다음과 같이 말했습니다. "저는 이곳에 온 지 5년 되었고, 제철소에서 일합니다. 하지만 사람들과 거의 접촉이 없습니다. 독일에 온 이래로 딱 한 번 직장동료로부터 집에 초대를 받았습니다."

물론 이런 상황도 일반화시켜서는 안 되겠죠. 예컨대 많은 교회들은 편견을 없애고, 외국인 노동자들의 생활환경을 개선하기 위해 끊임없이 노력을 합니다. 베를린과 비엔나, 프랑크푸르트 같은 대도시도 외국인 노동자 상담을 위해 선봉에 섰습니다. 하지만 아직도 풀어야 할 문제는 얼마간 남아 있습니다. 편견을 불식시키기 위해 교육과 매스미디어 분야에서 충분한 역할을 하지 못하고 있기 때문입니다.

스위스에서도 이런 문제는 독일, 오스트리아 등과 마찬가지로 현존합니다. 1970년에 슈바르첸바하J. Scharzenbach가 외국인 노동자 수를 대폭 줄이자는 발의를 했는데, 국민투표를 한 결과 유권자의 46%가 찬성표를 던졌습니다. 물론 모든 주요 일간지들과 시사평론가들은 그런 국민투표는 비인도적인 처사라는 이유로 투표 거부를 호소했습니다. 슈바르첸바하는 스위스 국민의 혈통을 순수하게 유지해야 한다고 주장하면서, 그의 운동을 "국민과 조국의 과도한 외국 영향에 반대하는 국민운동"이라 칭했습니다.

22 왜 주민들은 외국인 노동자들과 접촉하기를 꺼려합니까?

저는 친구와 친지들이 많이 있습니다만, 그들 중 실제로 외국인 노동자들과 시간을 함께 하는 사람은 단 한 사람, 여성 한 명뿐입니다. 그녀는 유명하지도 남달리 부유하지도 않고, 교육을 그리 많이 받은 사람도 아닙니다. 하지만 그녀는 억압받는 사람들을 공감적共感的으로 이해합니다. 그녀는 외국인 노동자들을 자기 집으로 초대합니다. 어떤 사람이 병들면 꽃을 사 들고 병원으로 병문안하러 갑니다. 외국인노동자가 어떤 문제에 봉착하면 그녀는 그 사람의 말을 끝까지 들어줍니다. 예컨대 부부간에 갈등이 생기면 그녀는 적극적으로 나서서 영리하게 조언해 줍니다. 그녀는 자기가 아는 외국인 노동자 자녀의 생일을 한 번도 잊은 적이 없습니다. 가진 돈은 많지 않지만 그녀는 외국인 노동자들이 곤경에 처하면 그들을 도와줍니다.

그녀는 외국인 노동자들을 깔보지 않고 이 모든 일에 자발적으로 나섭니다. 그녀의 오스트리아 친구들은 대부분 그녀를 이상하고 현실에 어두운 사람, 아니 세상물정을 전혀 모르는 사람 취급을 합니다. 그들은 외국인 노동자를 동등하게 취급하는 것은 이치에 어긋나는 일이라고 생각합니다. 그들은 외국인 노동자들과 함께 어울리는 것은 시간낭비라고 생각합니다.

로스앤젤레스에 사는 제 친구들 중 많은 사람들은 마음을 열고, 소수 집단의 운명을 개선해 주려고 노력합니다. 그들은 세계의 대도시들을 여행한 사람들입니다. 도쿄와 런던, 파리, 방콕, 리오 데 자이네로 등과 같은 세계 대도시들이 그들에게는 친근한 지역입니다. 하지만 수많은 사람들이 열악한 환경에서 사는 지역, 로스앤젤레스의 지척에 있는 와트에 와 본 사람은 그들 중 한 사람밖에 없습니다.

23 여성에 대한 편견은 어떤 양상으로 나타나고 있습니까?

미국의 사상가요 비평가인 소로우Thoreau는 언젠가 그가 어떤 생활철학을 지녔는지에 대해 질문을 받은 적이 있습니다. 그는 "나는 나 자신이 되고 싶을 뿐입니다"라고 대답했습니다. 그런데 많은 여성들은 바로 이런 삶을 살지 못하고 있습니다. 왜냐하면 그들이 몸담고 있는 사회는 그들의 역할에 대해 다른 견해를 가지고 있기 때문입니다.

수백 년에 걸쳐서 여성들은 소수집단과 똑같이 평가절하를 받아왔습니다. 심지어 저 유명한 그리스의 철학자 아리스토텔레스 같은 사람도 여자는 남자보다 열등하다고 생각했습니다. 아시아와 아프리카, 근동의 여러 지역에서는 아직도 여성들이 정당한 대우를 받지 못하고 있습니다.

여권운동을 통해서, 특히 베티 프리단Betty Friedan의 책 『여성의 신비』를 통해서 비로소—직접적으로든 간접적으로든 사람들이 품고 있던—여성들에 대한 편견이 이목을 끌기 시작했습니다. 심지어 미국에서도 여성은 남성들에 비해 대부분의 직장에서 저임금을 받고 있었으며, 무엇보다도 기업체의 고위직과 대부분의 교직에서 차별대우를 받았습니다.

이러한 편견의 결과로 많은 여성들이 자신의 능력을 과소평가하게 되었습니다. 제가 가르친 여대생들 중 많은 사람들이 의식적으로 자신의 정신적 문화적 재능을 제대로 발휘하지 않았습니다. 그렇게 함으로써 자기 남자친구들과 남편들은 그들보다 우수하다는 평가를 받을 수 있게 되었습니다. 그런가 하면 다른 여성 제자들은 가정주부가 되겠다고 대학원 진학을 포기했습니다.

오늘날 중국에서 여성차별에 대한 대규모의 투쟁이 벌어지고 있다는 사실은 매우 흥미로운 일입니다. 중국에서는 여성들이 남성들과 똑같은 일을 하면 급료도 똑같은 액수를 받습니다. 그럼에도 불구하고 지방에서는 아직도 여전히 가부장적 편견이 건재하며, 결혼도 친족들 사이에서 많이 이루어집니다. 하지만 여성들의 교육이 아직 매우 뒤떨어진 인도와 비교해 보면 중국은 이미 상당 부분 남녀평등권이 이루어졌습니다.

여성이 한 국가의 수장이 되기에는 아직도 길은 여전히 멀기만 합니다. 이 경우 편견은 남성에게만 있는 것이 아니라 여성에게도 있습니다. 세계평화를 위해서는 더 많은 여성들이 정치계에 나서야 합니다. 그도 그럴 것이 여성이 남성보다 더 감수성이 예민하고 남성 정치가들보다 덜 이념적이기 때문입니다.

24 오늘날 벌어지고 있는 세대 간의 갈등 역시 편견 때문이 아닌가요?

우리는 틀에 박힌 사고유형으로부터 영향을 받기 때문에 젊은이들을 이상화하는 경향이 있습니다. 광고는 젊은이들의 요구에 맞추어져 있습니다. 어떤 회사가 상품을 판매하려고 하면 건강이 넘쳐흐르는 젊은이 두 명을 광고판에 담습니다. 남자는 매우 활기차고 남성미가 넘쳐 납니다. 여자는 아주 매혹적으로 보입니다. 젊은이들을 이렇듯 지나치게 내세우면 그들로 하여금 독선적인 사고에 빠지게 합니다. 이런 광고는 그릇된 가치관과 그릇된 생활철학을 낳게 합니다.

그 결과 우리는 날이 갈수록 노인들의 고통을 외면하게 됩니다. 노인들의 재정기반은 매우 취약합니다. 노인들은 자신의 능력을 인정받기 위해 노력하지만 이러한 노력은 간과되기 일쑤입니다. 나이를 먹는다는 것은 궁극적으로 우리 자신의 죽음을 상기시켜 줍니다. 우리가 떨쳐버리고 싶어 하는 죽음을 말입니다.

그런가 하면 인습을 무시하는 젊은이들에 대한 기성세대의 편견도 적지 않게 존재합니다. 한 세미나에서 제가 보다 탄력성 있는 교육을 권고하자 어떤 교사는 "그렇게 하면 혼란만 일어날 뿐입니다. 우리 학교가 히피들로 들끓게 돼도 좋다는 말씀인가요?"라고 항변했습니다.

이 선생에게는 히피가 우리 삶의 온갖 부정적인 요소들, 이를테면 권위의 부정, 지속적인 반항, 성적 방종, 자기관리 결핍, 칠칠치 못함, 무례함, 마약중독 등을 상징하는 존재로 여겨졌습니다. 하지만 대부분의 젊은이들이 약물중독과는 거리가 멀다는 것은 우리가 익히 알고 있는 사실입니다. 심지어 너무 많은 젊은이들이 보수적이라는 연구결과도 나왔습니다. 이러한 연구결과는 그리 놀라운 일이 아닙니다. 많은 젊은이들은 그들 윗세대의 행동유형을 그대로 모방하고 있지 않습니까? 19세기의 낭만주의는 혁명주의자들이 종종 반동적인 방향으로 돌아서는 전형적인 예를 보여 줍니다.

미합중국에서 저는 부자간의 사이가 좋은 경우를 별로 보지 못했습니다. 아버지는 거의 대부분 부양자의 역할에 그칩니다. 가족의 생계유지 의무는 그로 하여금 가족과 소원해지게 만듭니다. 그런가 하면 아들에게 가정, 즉 집은 숙박소일 뿐입니다. 그는 자유시간을 가족과 함께 보내지 않습니다.

최근에 한 아버지는 다음과 같은 불평을 털어놓았습니다. "나는 내 가족을 위해 전력투구합니다. 나는 아들을 대학에 보내기 위해 어떤 희생도 감수합니다. 나는 내 아들의 용돈이 모자랄까 봐 오래전부터 옷을 새로 사 입지 않았습니다. 그에 대해 그 녀석은 어떻게 보답하는 줄 아십니까? 시험성적은 바닥이요, 하는 짓은 부랑아 같습니다."

하지만 아들과 대화를 해보니 얘기가 달라집니다. "아버지는 오로지 성공만 생각하고 계세요. 아버지는 제가 아버지와 같아지길 바라세요. 하지만 저는 장사꾼이 되기 싫습니다. 저는 그런 무미건조한 삶은 살기 싫어요. 아버지는 한 번도 화끈하게 살지 못하세요. 아버지는 매일 똑

같은 일상을 살고 있습니다. 텔레비전에만 매달려 사신다고요."

오늘날 중요한 사안에 대해 부자가 얼굴을 맞대고 진지하게 이야기를 나누는 가족이 얼마나 됩니까? 부자가 소통의 다리를 놓기 위해 진지하게 노력하는 경우를 저는 거의 보지 못했습니다.

어느 날 저는 위의 두 부자와 다섯 시간이 넘게 진솔한 대화를 나누었습니다. 저는 촉매제 역할을 했습니다. 두 사람은 매우 진지하게 자기감정을 발산하고, 자기가 가지고 있던 편견도 거침없이 토로했습니다. 대화가 끝날 무렵 부자는 보다 서로를 더 잘 이해하게 되었습니다. 아들은 자기 아버지가 기계가 아니라 가족의 생활비를 벌기 위해 엄청나게 애를 쓰고 있고, 자신이 생각했던 것처럼 아버지가 그렇게 고루하지도 않다는 사실을 깨닫게 되었습니다. 그런가 하면 아버지는 아버지대로 아들에 대해 품고 있던 몇 가지 편견을 떨쳐 버릴 수 있게 되었습니다. 그는 자기 아들이 자립정신을 길러 좀 더 원숙한 경지에 도달하기 위해 반항을 할 수밖에 없었다는 사실을 알게 되었습니다.

3

편견 극복의 길

1 **교수님께서 편견은 전 세계에 걸쳐 만연해 있다고 말씀하시는데, 그렇듯 광범위한 편견의 문제를 해결할 수 있는 길이 있을까요?**

대답은 명료합니다. 증오는 조직적인 힘을 지녔고, 항상 새로운 희생을 요구합니다. 차별은 여러 가지 양상과 특징을 지니고 나타납니다. 이뿐 아니라 문제의 심각성은 기존의 교육과 종교, 기존의 소통과 국제적인 관계, 기존의 정치가 증오의 끔찍한 작용을 저지시키지 못한다는 데 있습니다. 현실을 보면 이러한 상황이 편협한 행위들을 증대시키고 있습니다. 그리고 더 심각한 것은, 여러 국가에서 공공연하게 팽창되고 있는 군국주의로 인해 불화가 끊임없이 재연된다는 점입니다. 그나마 세계열강이 군사적 균형을 이룸으로써 평화가 살얼음판 위를 걷고 있지만, 이러한 평화는 언제라도 깨질 수 있습니다. 군비경쟁을 위한 엄청난 군사비 지출은 사회개혁과 교육개혁을 뒷전으로 밀어내고 있습니다.

마르틴 부버Martin Buber는, 우리의 증오심은 우리 마음의 한 부분만 차지하고 있지만, 우리의 사랑은 우리 마음 전체를 감싸고 있다고 했습니다. 그의 말은 잘못되었습니다. 현대 인류의 역사를 돌이켜 보면, 사랑의 시기는 빠르게 지나가고, 증오는 장시간에 걸쳐 선입견으로 전이되고 있습니다.

2 편견을 의식한다는 것은 이미 편견을 극복하는 길이 열렸다는 얘기인가요?

문제가 그리 간단한 것은 아닙니다. 우리가 철학책을 읽는다고 해서 철학자가 되는 것은 아닙니다. 우리가 두꺼운 종교서적을 탐독한다고 해서 종교적이 되지 않습니다. 우리는 민주주의의 고전적인 선례들을 공부할 수 있습니다. 그럼에도 불구하고 우리는 극히 비민주적인 행동을 할 수 있습니다.

편견의 끔찍한 작용을 저지시키기 위해서 우리는 다음과 같이 3중으로 깨어 있어야 합니다.

1. 우리는 우리 자신의 삶이 동반하는 감정, 즉 희로애락의 원인을 규명해야 하며, 이런 양립감정이 우리의 내부에 존재하고 있음을 인정해야 합니다.

2. 우리는 타자를 새로운 눈으로 보아야 합니다. 우리는 타자를 단지 우리의 욕구충족을 위한 도구로 바라보고 있다는 데에 문제의 심각성이 있습니다. 우리는 타자를 지배하려고 하는 사디스트이거나, 아니면 우리 자신의 굴복을 통해 현실을 극복하려고 하는 마조키스트, 이 둘 중의 하나라고 이미 장 폴 사르트르가 말한 바 있습니다. 또 다른 대안은 타자를 있는 그대로 받아들이고, 그들과 보다 깊은 관계를 맺는 일입니다.

3. 우리는 행동에 나서야 합니다. 편견의 폐해에 대해 지적知的으로 설명하는 것보다 우리 쪽에서 시민의 용기Zivilcourage를 행동으로 보여주는 것이 한결 더 중요합니다. 예컨대 우리들 중에서 비밀경찰에 맞설 만한 용기를 가진 사람은 많지 않습니다. 하지만 우리 사회의 소수집단에게 친절을 베풀고, 그들을 배려해 줄 수는 있습니다. 그리고 편협한 복음을 전파하는 사람들을 제지할 수는 있습니다.

3 집단심리요법을 사용하면 편견을 성공적으로 퇴치할 수 있을까요?

심리치료 하면 우리는 대체로 개인의 심리문제와 정신과 의사를 통한 치료를 떠올립니다. 그에 반해 한 집단이 병에 걸리면 문제는 한결 더 심각해집니다. 이 경우 병은 거의 대부분 자동적으로 적대적인 분위기를 조성합니다.

건강한 사회를 원할 경우 우리는 우리 사회에 만연한 사회적 병리현상을 외면해서는 안 됩니다. 특히 사회공동체의 지도급 인사들에게 집단심리요법을 적용하면 사회개혁 및 혁신에 큰 효과를 거둘 수 있습니다.

윌리엄 슈츠William C. Schutz의 『기쁨－인간의 의식 확장』에서 우리는 이런 노력의 탁월한 예를 찾아볼 수 있습니다. 정신과 의사인 슈츠 박사는 상인에서 시작해서 교사에 이르기까지 여러 직종에 종사하는 사람들로 구성된 대규모 집회를 주재한 바 있습니다.

위의 책에서 그는 롱아일랜드의 어느 학교에 일고 있는 편견의 퇴치를 돕기 위해 상담자로 초빙되어 갔다고 적고 있습니다. 이곳 학교운영위원회의 위원선거가 있었는데, 이 선거에서 보수파와 진보주의자들 사이에 그리고 유태인과 비유태인들 사이에 격렬한 언쟁이 벌어졌고, 여러 교육방법을 놓고 교육전문가들과 당국 간에 심한 의견충돌이 벌어졌습니다.

모임에는 유태인 두 명과 비유태인 두 명, 이렇게 네 명의 학부모 대표자들과 이 학교 교장과 교사 세 명 그리고 15세와 17세 사이의 학생 대표 일곱 명이 참석했습니다.

집중적인 치료를 위한 회의가 열렸습니다. 처음에는 참여자들이 매우 불만족스러워했습니다. 회의가 조직적이지도 못했습니다. 토론의 내용도 전혀 쓸모없는 것들처럼 보였습니다.

하지만 참석자들이 어느 정도 서로 친숙해지자 분위기가 진지해지면서 놀라운 변화가 일어났습니다. 교장은 권위적인 태도를 누그러트렸습니다. 그는 자신이 교사들을 너무 억압했으며, 교사들을 대하는 자신의 태도가 너무 형식적이었다는 사실도 깨달았습니다.

학부모들도 몇 가지 편견을 극복하고, 다른 인종과 종교에 대한 그들의 견해가 그들 주위의 검증되지 않은 견해로부터 영향을 받았음을 깨닫게 되었습니다. 학생들은 자기 선생들을 훨씬 더 잘 이해하게 되었으며, 그밖에도 그들의 기대와 좌절, 그들의 능력과 약점을 간파하게 되었습니다. 그런가 하면 선생들은 보다 편안하게 학생들을 대했으며, 그들을 평가대상으로 보기보다는 인간적으로 대했습니다.

진정한 친교를 맺고 올바른 자기평가를 할 수 있는 능력이 집단경험을 통해 증대되었습니다. 많은 사람들에게 그것은 종교적 체험 같았습니다. 뿌리 깊은 편견이 제거되었을 뿐 아니라, 이해와 자발성의 샘이 솟기 시작했습니다.

이는 집단심리요법의 한 실례實例일 뿐 아니라 이웃과의 관계개선을 위한 길이기도 합니다. 소통과 창조력 훈련, 대화그룹, 성인교육을 위한 세미나 등과 같은 각종 방법이 동원되어야 합니다. 우리 자신의 고립을 극복하고 우리의 선입견을 떨쳐 버리는 것이 중요합니다. 그렇게 함으로써 우리는 타인을 우리의 친구로 만들 수 있습니다.

보통사람들의 삶은 소리 없는 절망으로 가득 찼다고 한 소로우의 말은 옳습니다. 이런 상황에서는 편견이 생기게 마련입니다. 보다 큰 기쁨을 느끼고, 새로운 만남이 이루어질 경우, 달리 말해 지금까지의 우리의 자기이해에 꾸준히 문제제기를 할 경우, 우리는 얼마든지 적대적인 삶을 극복할 수 있습니다.

4 편견을 극복하는 데 명상이 어떤 도움을 줍니까?

편견은 종종 실망과 주체와 객체의 분리, 혹은 짙은 소외감의 결과로 나타나는 현상이기 때문에 명상이 이 커다란 공백을 메워 줄 수 있습니다. 명상을 통해 우리는 큰 안식을 취할 수 있으며, 현존재의 균형을 유지할 수 있습니다. 뿐만 아니라 명상은 우리가 선입견에서 벗어날 수 있도록 도와줍니다. 그렇게 함으로써 우리는 진정한 평정에 도달할 수 있게 됩니다. 평정은 우리가 기계화된 세계의 제반 요구에 맞설 수 있는 힘을 강화시켜 줍니다. 그렇게 되면 우리들 중 많은 사람을 짓누르는 스트레스가 사라집니다. 명상은 우리 자신과 우리의 이웃을 새로운 빛을 통해 볼 수 있는 길을 열어 줍니다.

얼마 전에 저는 슈퍼마켓에서 길게 줄을 서 기다린 적이 있습니다. 그날은 제가 매우 바쁜 날이었습니다. 약속한 시간에 늦을까 봐 마음이 초조해졌습니다. 줄은 조금씩밖에 줄어들지 않았습니다. 분명 계산대 아가씨가 꾸물대는 것 같았습니다. 저는 점점 더 초조해졌습니다. 계산대 아가씨에 대한 분노가 치밀어 거의 욕이 나올 지경이었습니다.

그 순간 문득 선학禪學의 한 일화가 떠올랐습니다.

"자유의 길이란 어떤 것입니까?"라고 제자가 묻자

"누가 너를 구속하느냐?"고 스승이 되물었다.

"아무도 저를 구속하지 않습니다"라고 제자가 대답했다.

"그렇다면 너는 왜 자유를 찾는 것이냐?"라고 스승이 말했다.

이 깊고 간명한 일화를 떠올리자 저는 곧 안정감을 되찾았습니다. 이 안정감은 거의 만족감 같은 것, 갑작스런 깨달음 같은 것이었습니다. 저는 이제 더 이상—소소한 것에 흥분하고, 틀에 박힌 현실에 억눌린 채—슈퍼마켓에 있는 것이 아니었습니다. 저는 일본의 어느 선사禪寺에 와 있는 느낌이 들었습니다. 저는 홀가분한 마음으로 슈퍼마켓을 나왔습니다. 마치 휴가여행을 떠나는 기분이었습니다.

명상방법을 익히고 명상시간을 갖는 것만으로 끝나면 안 됩니다. 중요한 것은, 우리가 우리 현존재의 중심을 잡고 정진精進해 나가는 일이며, 우리의 의식을 확장시켜 자기중심적 사고의 틀을 벗어나는 일입니다. 취학 전에 일찍이 명상법을 익히면 아이들은 기존의 교육방법을 통해 배우는 것보다 훨씬 더 득을 많이 봅니다. 어린 나이에 명상에 익숙해지면 아이들은 남의 얘기를 더 진지하게 듣고, 더 주의 깊게 관찰하고, 자연의 아름다움을 열린 마음으로 받아들이고, 다른 사람들을 대할 때 더 신중해집니다.

명상은 정신집중을 강화하는 탁월한 방법입니다. 명상은 우리가 인간을 사물로 격하시켜서는 안 되고, 공동경험을 통해 비로소 우리가 완전한 인간이 될 수 있다는 사실을 상기시켜 줍니다. 공동경험은 침묵의 시간을 통해 가장 잘 이루어질 수 있습니다.

5 어른들은 어떻게 하면 아이들이 편견에 빠지지 않게 할 수 있습니까?

1. 부모는 참다운 정직성을 가르쳐야 하고, 이론과 행동이 어긋나지 않게 해야 합니다. 톨스토이의 다음과 같은 충고는 오늘날에도 유효합니다. "당신의 자식들에게 마음을 열고, 당신 자신에게 충실하십시오."

2. 집은 다양한 사람들, 즉 노인과 젊은이, 사회적 인종적 종교적 문화적 환경이 다른 사람들에게 열려 있어야 합니다.

3. 우리는 새로운 생각을 받아들일 준비가 되어 있어야 합니다.

4. 아이들에게 지적이고 심미적인 자극을 지속적으로 주어야 합니다. 그러면 아이들의 지평이 확장되고, 편견의 발화점인 편협성에 빠지지 않게 됩니다.

5. 아이들은 일찍이 사회적 책임과 소박한 생활양식을 익혀야 합니다.

6. 겸손한 태도, 특히 사회의 약자들에게 겸손한 태도로 임할 것을 교육을 통해 강조해야 합니다.

7. 아이들은 다양한 견해가 존재하는 것은 자연스러운 현상이며, 다른 사람들의 의견을 필히 존중해야 한다는 점을 일찍부터 배워야 합니다.

8. 아이들로 하여금 엄선된 이야기와 놀이를 통해 편견의 무서운 작용을 깨닫게 해야 합니다.

9. 아이들의 참여의욕을 북돋아 줌으로써 그들이 협동적 생활방식을 익히도록 해야 합니다. 자신의 이념과 견해가 존중받는다고 생각하는 아이는 대체로 사회적 관계에 개방적이고, 다른 아이들보다 더 관용적이며 도량도 더 넓습니다.

10. 부모는 자녀들에게 모범을 보여 사랑의 감정을 불러일으키도록 해야 합니다. 사랑의 감정이 있으면 누구도 배척하지 않고 소유욕을 떨쳐 버리게 됩니다.

6 종교는 편견퇴치에 어떤 역할을 할 수 있습니까?

종교사宗教史는 두 가지 조류 사이의 갈등을 보여 줍니다. 한쪽 조류에서 우리는, 인간의 가능성의 지평은 언제나 제한되어 있다고 여기면서 과거에만 집착하는 사람들, 편협하고 자신의 과제를 한정된 시각에서만 바라보는 사람들을 목격하게 됩니다.

다른 한쪽 조류에는 배타성을 설교하지 않고, 남을 부정적으로 평가하지 않으며, 관용의 정신을 대변하는 사람들이 있습니다.

과거의 오류를 인정하지 않는 한 종교는 편견 퇴치에 중요하고 건설적인 역할을 할 수 없습니다. 예컨대 십자군 원정을 정신적인 운동으로 바라볼 뿐 아니라, 유태인과 회교도들에게 엄청난 고통을 안겨 준 잔혹한 행위로 평가할 수도 있어야 합니다.

우리시대를 위해 종교가 중요시되고 활성화되기 위해서는 종교도 개혁되어야 하며, 언젠가 교황 요한이 말한 것처럼 모든 창문을 열어 놓아야 합니다.

모든 창문을 열어 놓아야 한다는 말은 무슨 뜻일까요? 이 말의 뜻은 약자들과 고통받는 사람들 편에 섰던 예수의 행적을 진지하게 곱씹어 보고, '그들 중 맨 뒤에 섰던 사람'을 보살피는 일에 보람을 느끼라는 것입니다.

슬럼가의 흑인들, 박해받는 유태인들, 외로운 노인들, 노숙자들— 이런 사람들이 우선적으로 교회가 돌보아야 할 대상입니다.

도움은 자발적으로 이루어져야 합니다. —피부색과 종파에 구애받지 않고 말입니다. 이런 면에서 퀘이커교도가 우리에게 모범을 보여 줍니다. 그들은 나치정권의 희생자들을 도와주었을 뿐 아니라, 제2차 세계대전이 끝났을 때 기아에 허덕이는 독일 사람들에게도 똑같이 도움의 손길을 내밀었습니다.

구체적인 책임을 회피하는 근거를 우리는 종종 종교적인 사변思辨에서 찾을 수 있습니다. 텍사스의 린치에 관한 사회분석에 의하면, 교회의 여러 대표자들은 이 사건을 곧장 외면하거나, 폭력행위를 싸잡아 비난합니다. 우리가 진정 필요한 것은, 사건이 터졌을 경우 교회가 구체적인 도움을 자청하고 나서야 한다는 것입니다.

예수의 염원은 당대와 마찬가지로 오늘날에도 타당성을 지닙니다. 당대에도 그리고 지금도 많은 사람들에게 종교는 단지 외적인 동화同化일 뿐입니다. 당대에도 그리고 지금도 사람들은 종교적 진리를 형식적으로 터득하는 데 그치고 있습니다. 당대에도 그리고 지금도 정신적인 노출증을 지닌 바리새주의가 커다란 영향을 미치고 있습니다. 당대에도 그리고 지금도 분리주의가 강세를 보입니다. 당대에도 그리고 지금도 이른바 '신도들'은 거룩하고 초연超然합니다. 당대에도 그리고 지금도 많은 사람들은 주로 그들 자신의 구원에만 신경을 쓰고, 사회상황에는 무신경합니다. 당대에도 그리고 지금도 이해의 정신은 단지 소집단 쪽만 바라보면서 사회 전체는 외면합니다.

아베 피에르Abbé Pire에 의하면 정말 중요한 것은, 신자와 비신자 간의 싸움이 아니라 사회참여를 하는 사람들과 어떤 일에도 관여하지 않는 사람들 간의 논쟁이라고 했습니다.

이 말은 우리의 감수성을 근본적으로 활성화시키지 않고는 진정한 신앙에 도달할 수 없다는 뜻입니다. 우리는 무관심의 유혹을 받습니다. '우리가 왜 사회적 불평등 같은 것에도 신경을 써야 하는가? 우리가 왜 제3세계의 분쟁에 끼어들어야 하는가?' 하는 생각들 말입니다.

보통 사람들은 대체로 다음과 같이 대답합니다. "보시오, 내 문제만 해도 골치가 아프오. 돈 벌어야지, 각종 청구서 해결해야지, 모두가 힘에 부치오. 집에 오면 텔레비전을 보며 휴식을 취해야 하지 않겠소? 바깥세상의 골칫거리에 신경 쓸 겨를이 없단 말이오. 그런 건 다른 사람들이 알아서 할 테지."

프랜시스 베이컨 경은 (그의 책 『새로운 인식론*Novum Organon*』에서) 인간이 우상의 영향을 얼마나 쉽게 받는지에 관해 기술하고 있습니다. 베이컨은 우상을 네 가지로 분류하는데, 개인의 편견을 조장하는 동굴의 우상, 선입견이 작용하는 사회관을 조장하는 종족의 우상, 언어조작을 조장하는 시장의 우상 그리고 전통을 우선시하는 극장의 우상이 그것입니다.

현대인간의 제반 우상숭배는 사회적 조건에 영향을 받습니다. 현대인은 성공하려고 합니다. 현대인은 명성을 얻으려고 합니다. 현대인은 물적 자산이 행복을 가져다준다고 믿습니다. 그리하여 공허감이 생깁니다. 현대인은 절정을 기다립니다. 이 기다림은 『고도를 기다리며』와 같은 것입니다. 하지만 고도는 오지 않습니다.

진정한 종교는 무엇보다도 무관심에 대항해서 투쟁합니다. 진정한 종교는 현실에서 깨어 있습니다. 인간은 자기 자신의 능력을 볼 줄 알아야 합니다. 인간은 무엇이 이웃을 자신과 연결시키고 있는지를 알아야 합니다.

그렇게 될 때 비로소 진정한 개혁은 시작됩니다. 진정한 개혁은 진부한 삶과 수동적이고 피상적인 삶, 자기중심주의와 자기민족중심주의를 거부하는 것입니다.

개혁을 추진하는 일은 그리 쉬운 일이 아닙니다. 여기에는 인내와 용기가 필요합니다. 그러기 위해서는 안락한 삶을 영위하는 대신에 어쩌면 위험을 감수해야 할는지도 모릅니다. 성공 대신에 실패를 경험할 수도 있습니다. 존경받는 대신에 소외될 수도 있습니다. 위안 대신에 십자가를 걸머져야 할는지도 모릅니다.

게슈타포에 의해 처형되기 전 감옥에 갇혀 있을 때 본회퍼는 기독교의 본질에 관한 책을 집필했습니다. 책의 주제는 진정한 믿음이란 어떤 것인가? 하는 문제였습니다. 이 책의 중요한 구절을 하나 옮겨 보면 다음과 같습니다. "교회는 다른 사람들을 위해 기능할 때만 진정한 교회가 된다. 개념에만 매달리지 않고 모범을 보여줄 때 비로소 교회의 말은 설득력과 힘을 얻게 되는 것이다."

우리의 종교관은 본회퍼나 막시밀리안 콜베Maximilian Kolbe 혹은 마르틴 루터 킹의 영향을 받아도 좋을 것입니다. 세 분은 모두 대단한 용기를 지닌 사람들입니다. 세 분은 모두 다수多數의 길을 가지 않았습니다.

세 분은 모두 자기가 강제죽음을 당할지도 모른다는 것을 알고 있었습니다. 세 분은 모두 인도주의를 위해 투쟁했습니다. 하지만 결코 선의지를 잃는 일은 없었습니다. 심지어 그들은 신과 인간에 대해 전혀 다른 생각을 가진 사람들에게도 선행을 베풀었습니다.

우리는 증오와 편견의 바다에 빠질 위험에 처해 있습니다. 우리는 그 바다가 어디서 시작되고 어디서 끝이 나는지를 모릅니다. 종교는 우리가 바다에 빠지지 않게 도와줍니다. ―종교는 우리가 어떻게 창조적인 관계를 만들어 내고, 어떻게 한결같이 선의지를 증명할 수 있는지를 선례를 통해 보여 줍니다.

사람들은 종종 종교가 미래에 대한 희망을 거의 보여주지 않는다고들 말합니다. 현대인간은 이 세상의 재물에 현혹되어 있지 않은가요? 우리시대의 화두는 신앙에 대한 '회의懷疑'가 아닌가요? 우리는 과학이 전지전능하게 된 시대에 살고 있지 않은가요? 전 세계가 무신론을 새로운 복음으로 만들지 않았나요?

오늘날 우리는 지난날 교회운동의 권위적인 체계를 비판하면서, 다른 한편으로 한 국가나 이데올로기 혹은 한 지도자를 찬미하는 우를 범하고 있습니다. 편견과 인종적인 이유로 박해받거나 희생되는 사람들의 수가 종교적인 편협성으로 인해 희생되는 사람들의 수보다 훨씬 더 많습니다. 현대인간은 자신이 완전히 계몽되었다고 믿기 때문에 오히려 전래된 모범을 무비판적으로 받아들일 위험이 큽니다. 현대인의 이러한 자만심은 다시금 새로이 적개심을 낳고, 일군의 난민을 만들어 내는 결과를 초래합니다.

편협성을 거부하고 실천을 통한 이웃사랑을 보여주는 종교가 참다운 종교이며, 이러한 종교야말로 항상 미래와 함께 합니다. 이러한 종교는 공리주의 문화에서 나타나는 결함을 메워 줄 수 있습니다. 이러한 종교는 적개심이 입힌 상처를 치료해 줄 수 있습니다. 이러한 종교는 고독한 사람들에게 희망을 줄 수 있습니다. 이러한 종교는 박해받는 사람들을 위로해 줄 수 있습니다. 이러한 종교는 약자들을 강자로 만들어 주며, 강자들에게 겸허한 자세를 길러 줄 수 있습니다. 이러한 종교는 선의를 지닌 모든 인간을 끌어 모으는 힘을 지니고 있습니다.

7 편견퇴치를 위해 교육은 어떤 기여를 할 수 있습니까?

과거에도 그랬듯이 오늘날에도 편견은 주로 학교에서 전수받는다는 말은 틀린 말이 아닌 듯합니다. 편견은 명료하고 세련된 방법으로 전수됩니다. 비근한 예를 하나만 들면, 역사교육은 종종 조국에 대한 열정적인 사랑을 심어 주는가 하면, 타국에 대해서는 심한 혐오감을 배태시켜 줍니다. 학생은 객관적인 정보를 얻는 것이 아니라, 교화의 대상이 됩니다. 인간이 벌이는 모든 전쟁 뒤에는 학생들을 체계적인 선전을 통해 호도하고 사회현실을 왜곡된 눈으로 보게 하는 학교와 커뮤니케이션 센터들이 있음은 거의 부정할 수 없는 사실입니다.

오늘날 세계적으로 교육의 장이 커졌다는 것이 곧 통찰의 증대를 의미하지는 않습니다. 오히려 그와 반대로 교육의 장이 커짐으로써 조작은 노련해지고 집단히스테리는 증대되고 있습니다.

집단조작에 대항하기 위해서는 현재가 교육의 출발점이 되어야 합니다. 독일과 오스트리아의 많은 학교에서 쉽사리 간과되고 있는 1933년과 오늘 사이의 시기가 주제로 설정되어야 합니다. 교육의 목표는 왜곡되지 않은 세계관의 형성입니다. 왜곡되지 않은 세계관을 형성하기 위해서는 심리학과 인류학 그리고 사회학의 도움이 절실히 요청됩니다. 하지만 이러한 노력이 오늘날 우리의 학교에서 대체적으로 부족한 편입니다.

이런 분야의 학문은 신학적인 연구로 그쳐서는 안 되고, 사회적 해방의 길로 간주되어야 합니다. 1967년 미국 사회심리학회 회장 취임강연에서 에이브러햄 매슬로우Abraham Maslow는, 자신의 생각으로는 너무 많은 심리학자들이 '중요하지 않은 것을 해명'하는 작업, 즉 진부한 연구에 몰두하고 있다고 말했습니다.

제반 연구는 사회에 방향을 맞추어야 합니다. 제반 연구는 개혁을 위한 촉매가 되어야 하며, 현상을 유지하기 위한 변론이 되어서는 안 됩니다. 교사들이 새로이 배울 수 있는 길을 열어 주어야 합니다. 그렇게 해야만 그들이 개인적으로 뿐만 아니라 사회적으로 방향을 정립할 수 있고, 사회를 보다 폭넓게 이해하고자 하는 노력이 그들 삶의 한 성분이 될 수 있을 것입니다.

여러 나라 선생들과 합동연구를 해본 경험에 의하면 교육자들은 다음과 같은 개성을 보여주었습니다.

- 그들은 매우 신중하며, 신변의 안전에 많은 신경을 씁니다.
- 그들은 질서와 청결을 유난히 강조합니다.
- 그들은 단정함을 예절과 혼동합니다.
- 그들은 대체로 대세를 따르는 편이고, 그들이 교사로 몸담고 있는 사회형태가 그대로 유지되기를 바랍니다.
- 그들은 자신이 학부모와 상급자 그리고 사회로부터 오해를 받고 있다고 생각합니다.

- 그들은 대체로 형식주의적인 성향을 띱니다. 이를테면 그들은 문학 이야기보다는 문법에 더 큰 의미를 둡니다.
- 그들의 '이상주의'는 구체적인 행동으로 나타나는 경우가 드뭅니다.
- 그들의 사회이해는 매우 제한적입니다.
- 그들은 소수자들을 매우 무례하게 대합니다.
- 그들은 여러 가지 편견에 사로잡혀 있는데, 자신이 편견에 사로잡혀 있다는 사실을 모릅니다.

여러 연구에 의하면 하층민의 자제들은 상류층의 자제들보다 자신의 능력을 제대로 평가받지 못합니다. 하층민 자제들의 표현방법과 언어에 대한 교사들의 편견은 종종 이들을 끝없는 포기의 사슬로 얽어매는 결과를 가져옵니다. 아직도 여전히 노동자나 농부의 자제들은 다른 계층의 자제들과 비교해 볼 때 상급학교 진학률이 엄청나게 낮습니다.

교사들은 뉴욕이나 동경, 베를린, 파리, 비엔나 어디든 간에 일단 빈민가에 배속을 받으면 대체로 이 자리를 기피합니다. 편견에 뿌리를 내린 그들의 증오는 이러한 환경에 처해 있는 어린이들에게 불이익을 줍니다.

사회적으로 불이익을 받는 빈민가의 어린이들은 숙련되고 참여정신이 투철하고 감수성이 예민한 교사들을 필요로 하는데, 그렇기는커녕 오히려 이들은 종종 이들의 처지에 무관심한 교사들과 대치하게 됩니다.

이러한 아이들을 가르치는 교사들은 다음과 같이 소리칩니다. "너희들을 가르치는 것은 시간낭비일 뿐이다. 너희들은 도통 내 말을 이해하지 못해. 너희 가정은 끔찍해. 너희 언어는 천박하고, 너희 행동은 거칠어. 너희들은 남한테 경의를 표할 줄 몰라. 너희들의 태도는 단정하지가 못해. 너희들은 학교를 좋아하지 않아. 내가 아무리 노력해도 너희들은 바뀌지 않는단 말이야. 너희들은 야만스러워. 내가 너희들에게 해줄 수 있는 것 딱 한 가지는 너희들이 범죄를 저지르지 않게 하는 일이야."

교사교육에 대해 새삼 심도 있는 논의가 이루어져야 합니다. 상담과 비지시적인non-directive 치료 그리고 감수성훈련에 비중을 둠으로써 보다 덜 편협한 교육자들이 우리 교육아카데미를 수료하도록 해야 할 것입니다.

최근에 저는 어느 소도시에서 주로 교사들로 구성된 청중에게 강연을 한 적이 있습니다. 저는 국제적인 교육과 개방성, 규칙과 권위의 축소, 보다 상상력이 풍부하고 역동적인 교육방법 그리고 다른 나라의 문화에 관한 보다 폭넓은 지식을 권장했습니다. 토론시간이 되자 한 교장선생이 일어나더니 — 분명 청중 일부의 대대적인 동의를 얻고 — 다음과 같이 말했습니다. "저는 중국이나 인도에 관해서는 관심이 없습니다. 이 나라들을 싫어하는 것은 결코 아닙니다만, 제가 주로 관심을 가지는 것은 우리 자신의 문화입니다. 우리는 규칙을 **축소**시키지 말아야 합니다. 그렇게 되면 혼란스러워집니다. 우리는 **더 많은** 규칙이 필요합니다. 국제적인 교육보다는 우리 자신의 문화에 관한 정보가 더 필요합니다."

그렇게 많은 학교의 윗자리에 이런 유형의 사람들이 앉아 있을 경우 학교의 발전은 항상 더뎌지게 마련입니다. 이런 사람들의 행동은 권위적이며, 제한된 세계관과 끝없는 편협성을 전파하게 됩니다. 우리는 예컨대 내 옛 여제자 중의 한 사람인 마릴린 빌헬름이 텍사스에 지은 것과 같은 학교들이 더 많이 필요합니다. 이 학교에서는 이미 예비학교 Vorschulklasse에 다니는 아동들부터 동양문화와 친근해집니다. 이들은 사람의 능력은 다양한 원천으로부터 생기며, 인류는 한 가족이라는 사실을 배웁니다. 나이가 좀 든 어린이들은 보다 어린 아이들을 도와줍니다. 각기 다른 인종과 국적을 지닌 어린이들이 한데 어울려 지냅니다. 이들은 서로 어깨를 나란히 하면서 상대방을 인정해 줍니다.

교육은 진정한 이해가 따르지 않을 경우 공백이 생깁니다. 이런 현상은 학교뿐만 아니라 신문이나 라디오, 영화 그리고 텔레비전에서도 나타납니다. 대부분의 소통기구가 폭력과 범죄에 방점을 찍으면서 인간의 긍정적인 업적의 가치는 소홀히 할 경우, 계몽은 인간의 생존경쟁에서 역할을 제대로 수행할 수 없게 됩니다.

저는 어느 주요 일간신문 편집자와 대화를 한 적이 있습니다. 이 대화에서 저는 그가 남자 구독자를 염두에 둘 때 어떤 기준을 적용하느냐고 물었습니다. 그는 "우리는 감정에 호소합니다"라고 대답하면서 예를 한 가지 들었습니다. 한 남자가 로스앤젤레스의 한 공원에서 시체로 발견되었는데, 사인은 심장마비로 추정되었습니다. 이 편집인은 이 사건을 다음과 같은 머리기사 제목으로 실었습니다. '한 남자가 공원 전시장에서 살해되다!' 이날 이 신문의 판매부수는 30,000부까지 치솟았습니다. 제가 그 편집인에게 그 기사는 사실을 의도적으로 왜곡한 것 아니냐고 묻자 그의 대답은 이러했습니다. "아, 그런 건 신경 안 씁니다. 우리는 독자가 듣고 싶어 하는 것을 기사화합니다."

편견은 흔히 머리기사를 통해 불이 붙습니다. 한 흑인 죄수가 질투 끝에 자기 부인을 살해했습니다. 부인이 외간 남자들과 바람을 피운 것이죠. 그 남자는 장기형長期刑을 선고받았습니다. 그가 탈옥했을 때 한 신문의 머리기사 제목은 '흑인 살인범 탈주'였습니다.

무관심이 조직화된 기존의 교육은 비합리적인 선전공세를 저지하기에는 역부족입니다. 세상의 중요한 사건들을 이해하고, 편파적인 보도를 통찰할 수 있으려면 객관적인 분석이 필요합니다. 그렇게 하려면 정보에 대한 끊임없는 갈증이 있어야 합니다. 예컨대 오스트리아에서는 비교적 적은 수의 사람들만 책을 읽는다는 사실이 연구를 통해 밝혀진 것을 보면, 정보에 대한 갈증이 별로 없는 것 아니겠습니까?

1973년에 그라츠의 아프로-아시아 연구소가 아시아와 아프리카에서 온 학생들과 관계가 있는 교수들에 관해 조사한 바에 의하면, 50%가 넘는 학생들이 교수들의 편견에 대해 불평을 했다고 합니다.

저는 오스트리아의 어떤 대학에서 공부하는 아라비아 학생친구가 한 사람 있는데, 그가 얼마 전에 구두시험을 치렀습니다. 그는 자기 주제에 매료되어 아주 상세하게 질문에 대답했습니다. 그런데 시험담당 교수가 갑자기 그의 말을 끊으면서 쌀쌀하게 말했습니다. "우리는 지금 오리엔트 바자에 와 있는 것이 아니네."

8 내일의 학교는 개방적 사고방식을 어떻게 수렴할 수 있겠습니까?

미래의 학교는 치료에 중점을 두어야 할 것입니다. 다시 말해 지식의 전수보다는 인간의 감정과 행동방식에 더 초점을 맞춰야 합니다. 미래의 학교는 보다 탄력성 있게 운영되어야 합니다. 우리의 감정생활뿐만 아니라 지적인 에너지를 포함해서 말입니다.

데이비드 쿠퍼는 치료Kurieren와 치유Heilen를 엄격하게 구분합니다. 의학에서 치료란 교육에서와 마찬가지로 증후군을 다루는 것입니다. 그에 반해 치유는 (특히 교육에서) 개인이 자기발견에 도달하는 것입니다. 이런 의미에서 교사는 언제나 '영혼을 치유하는 의사'가 되어야 합니다.

영국의 '개방대학'은 성인교육을 위해 얼마나 큰 토대가 마련될 수 있는지를 보여 줍니다. 하지만 이 시설조차 노동자나 농부가 접근하기는 그리 쉽지 않습니다.

미래의 교육은 협동정신을 얼마나 폭넓게 전개하느냐, 다시 말해 친교를 중시하는지 또는 모든 분야에서 사람과 사람 간의 상호교류가 원만하게 이루어지는지를 평가기준으로 삼아야 할 것입니다. 교육이 실질적으로 보다 성숙해지기 위해서는 타인과의 관계를 만들어 내는 능력과 사회적, 미적 그리고 정신적 영역을 지속적으로 넓혀 갈 수 있는 능력을 개발해야 합니다. 그렇게 할 때만이 혹시라도 발생할지 모를 적개심의 원인을 깨끗이 제거할 수 있습니다.

구체적으로 말하면, 항상 다시금 새롭게 편협성에 대항해야 한다는 얘기입니다. 사실을 적시하는 것만으로는 부족합니다. 학생은 편견이 어떤 결과를 가져올 수 있는가를 체득해야 합니다. '예수살해범'이라든가 '유태인잡종', '깜둥이', '츄쉬Tschusch'(남동유럽이나 중동계 외국인)와 같은 단어들을 아무렇게나 입에 담아서는 절대 안 됩니다.

옛 유태인집단수용소에 가볼 수 있는 기회가 없다면, 예컨대 데시카De Sica 감독의 영화 〈핀지 콘티니의 정원〉을 한번 보시기 바랍니다. 뵐Böll, 그리핀Griffin, 레마르크Remarque, 볼드윈Baldwin, 라이트Wright, 허시Hersey와 같은 작가들은 함께 생각하고 함께 연민하는 데 큰 도움을 줍니다.

이 방면에서 무언가 이루어 내기 위해서는 마르틴 루터 킹이 인종차별에 대항해서 투쟁한 것과 같은 감명을 교사가 불러일으켜야 합니다. 이 일은 아주 힘든 일입니다. 왜냐하면 많은 교사들이 이 문제에 무관심하기 때문입니다. 그렇습니다, 심지어 많은 교육자들은 이 문제에 직면하면 지루해 합니다. 그들에게는 학생들의 진정한 창의성을 발현시킬 수 있는 능력이 결여되어 있습니다.

미래의 학생들에게 다음과 같은 질문은 의미가 있을 것입니다.

- 학교가 모든 사회계층에 얼마나 관여하는가?
- 학교가 사회의 창조적 에너지 창출에 얼마나 도움을 주는가?
- 학교는 능력이 모자라는 학생들을 어떻게 다루는가?
- 학교는 민주주의 정신을 실현시키기 위해 얼마나 노력하는가?

- 협동적인 지도방법에 기여하기 위해 학교는 무슨 일을 하는가?
- 학부모와 교사, 상급자 그리고 학생들의 편견을 불식시키기 위해 학교는 무엇을 하는가?
- 교과서와 그밖에 다른 교재들은 사해동포적인 견해를 얼마나 표방하는가?
- 학교는 현대사에 어느 정도 중요성을 부여하는가?
- 학교는 기쁨과 발견의 장이 되고 있는가?
- 학교는 성인교육을 얼마나 중시하고, 성인교육을 얼마나 장려하는가?
- 학교의 운영과정은 얼마나 투명하며, 학교가 진정한 소통센터 내지 젊은이와 늙은이들 간의 만남의 장소가 되고 있는가?

오늘의 학교는 진부해졌다는 이반 일리치Ivan Illich의 주장은 어느 면에서는 옳습니다. 편견과 그릇된 가치관 및 통계학적 교과과정을 지닌 기존의 학교는 분명 진부하고 시대에 뒤떨어졌습니다. 그에 반해 범세계적인 안목을 지니고, 인간관계에서 새로운 견해를 펼치며, 배움의 즐거움을 주는, 그리고 교육을 이해의 지속적인 과정으로 바라보는 창조적 학교는 무한한 미래를 지향합니다.

9 민주주의는 현실적으로 실현가능한 제도인가요?

민주주의는 하나의 통치양식이 아니라 그 이상의 것입니다. 민주주의는 정당 및 정치적 논쟁보다 상위개념입니다. 심지어 민주주의는 자유를 위한 노력보다 더 큰 의미를 지닙니다. 민주주의는 삶의 양식을 위해 있는 것이고, 경제적 관점에서뿐만 아니라 사회적인 관점에서도 인간적인 제반 관계 형성에 필수불가결한 요소입니다.

민주주의를 실현시키기 위해서는 서로 분리된 집단 간의 대화가 보다 더 활성화되어야 합니다. 다시 말해 학교당국이 대화와 토론에 더 많은 비중을 두어야 합니다. 대체로 우리는 다른 사람들의 말에 귀를 기울일 줄 모릅니다. 그리고 우리는 견해의 차이를 적절하게 좁힐 줄 모릅니다.

어떻게 하면 진정한 대화가 이루어질 수 있을까요? 이를 위해서는 다음과 같은 점들이 고려되어야 할 것입니다.

- 대화는 전선戰線과 경계가 없는 만남이다.
- 모든 대화는 명상과 반성을 통해 세심하게 준비되어야 한다.
- 개방정신과 준비정신이 발휘되어야 한다.
- 대화에 참여하는 사람들은 교향곡연주를 들을 때와 마찬가지로 긴장

감과 주의력을 가지고 상대방의 말을 경청해야 한다.

- 보편적인 가르침보다는 개인적인 의견을 피력해야 한다.
- 형식적인 틀에 얽매이지 않아야 자유로운 대화가 가능해진다.
- 이론과 실천은 서로 밀접하게 연관되어 있다. 따라서 실천을 도출하지 못하는 대화는 좋은 대화가 아니다.
- 대화에서 침묵은 때로 언설言說보다 더 중요하고 값지다.
- 그 어떤 진술과 견해도 결코 폄훼해서는 안 된다.

대부분의 학교가 학생들의 수동적 태도를 조장하고 기대하며, 꾸밈없는 대화방식을 경시하는 한 민주주의는 위험에 처할 수밖에 없습니다. 지식의 축적과 주입식 교육을 목표로 하는 기존의 교육방법은 학생들의 수동성을 강화시켜 줄 뿐입니다. 교사들은 독립적이고 창의적인 인간존재보다는 말 잘 듣는 학생들을 원합니다. 학생들이 너무 질문을 많이 하면 교사들은 싫어합니다. 그에 반해 교사들에게는 교안教案이 신성합니다. 교안을 통해 요구되는 것들은 학생들의 제반 실존적 요구들에 우선합니다. 학생들은 대체로 그들의 관심이 일깨워지고, 그들의 지식욕이 그들의 사회적 수동성을 탈피시켜 줄 때 성장하게 됩니다.

민주주의는 우리의 교육제도에 그리고 기타 사회시설에 공동참여정신이 깃들 때 비로소 그 실천이 가능해집니다. 하지만 개인을 그의 개인적 특성에 따라 평가하지 않고, 그를 객체로 다루거나, 그의 능력을 과소평가할 경우 그리고 개인을 인종적으로 국가적으로 또는 출신성분에 따라 평가할 경우 그러한 공동참여는 이루어질 수 없습니다.

민주주의 정신은 개인을 후원합니다. 그런 태도는 심한 방종을 낳지 않을까요? 그렇게 되면 사람이 약해지지 않을까요? 우리는 보다 더 엄격한 교육이 필요하지 않을까요?

인간은 누구나 인정받기를 원한다는 말이 이 질문에 대한 대답입니다. 사람은 자신의 노력을 올바르게 평가받지 못하고, 자기 개성을 발휘할 기회가 박탈당할 경우, 자기 관심사가 충족되지 않고 매사에 의기소침해질 경우, 삶에서 심한 좌절을 겪게 됩니다.

격려를 받으면 우리의 창조성과 성취감은 새로운 원천을 찾게 됩니다. 격려를 받으면 우리의 자신감은 강화되고, 삶을 긍정적으로 바라보게 됩니다. 격려를 받으면 우리는 우리의 이웃에게 자신을 열게 됩니다. 격려를 받으면 우리의 전 생활양식은 한층 더 민주화됩니다.

믿음에 대한 우리의 언명보다는 우리의 행동이 훨씬 더 중요합니다. "존재는 행동이다"라는 중국의 격언이 있습니다. 저는 한 미국학교의 교장을 떠올릴 때마다 약간은 서글퍼집니다. 그는 어떤 회의석상에서 교사들에게 다음과 같이 말했습니다. "다음 주 월요일까지 여러분 모두가 민주주의적 교육에 대한 생각들을 정리해 오시기 바랍니다."

효율적인 교육은 제반 기관이 인도주의에 주목할 것을 요구합니다. 이 말은 학교가 교육의 중심이 아니며, 모든 제도상의 제반 관계와 인간조직의 총화가 아니라는 것입니다. 이 말은 우리가 형무소와 병원, 정당 그리고 경제기획 등을 살펴보고, 여기서 협동적 삶을 위한 토대가 충분히 마련되어 있는지 물어야 한다는 뜻입니다.

10 관료주의는 왜 관대한 사회에 지속적인 위협을 가하고 있습니까?

많은 나라에서 관료주의가 성행하는 한 진정한 민주주의는 이루어질 수 없습니다. 관료주의는 계급체계에 뿌리를 내리고 있습니다. 관료주의에서는 추상적인 규범이 결정적인 역할을 합니다. 조직의 요구가 휴머니티의 요구보다 우선합니다.

소수자는 종종 관료주의적 사고방식에 의해 희생됩니다. 소수자는 관료들로부터 무시당합니다. 관료들은 소수자에게 자신의 힘을 과시하고, 소수자들이 그들의 낮은 지위를 자각하게 해 줍니다. 관료주의가 성행하는 곳에서는 인도주의에 역행할 뿐 아니라 보편적인 감정에 거스르는 규범이 횡행하게 됩니다.

관료주의는 전체주의 체제에서뿐 아니라 자유국가에서도 위력을 발휘합니다. 관료주의는 특정 조항의 훈령을 충족시키는 데 의미를 두는 규정 편의주의적 사고가 전횡하도록 해 줍니다. 관료주의는 편견이 추앙받도록 해 줍니다. 개방성과 유연성 그리고 창조성은 각종 관료체계에 거역하는 사고유형입니다.

관료주의 훈령은 유태인 박멸에 매우 큰 효력을 발휘했습니다. 예컨대 관료주의 훈령에 의해 유태인 추방이 손쉽게 이루어졌습니다. 유태인의 집을 어떻게 봉쇄할 것인가, 유태인의 유가물을 어떻게 처분할 것인가 등에 관한 구체적인 훈령이 있었습니다. 심지어 회스Hoess 같은 아우슈비츠의 수용소 소장은 자신을 관료주의의 핵심당원으로 자처했습니다. 그는 아우슈비츠에서 트레블링카Treblinka의 열 배가 넘는 유태인을 소탕하기 위한 조치를 취한 것을 자랑스럽게 여겼습니다.

관료주의 훈령이 얼마나 구체적이었는지는 1942년에 아이히만 사무실과 하스푸르트에 있는 한 지방은행이 주고받은 편지에서 드러납니다. 편지의 내용은 야콥 슈트라우스라는 사람의 저축에 관한 것이었습니다. 아들러H. G. Adler는 그의 저서 『관리管理된 인간』에서 이에 관해 기술합니다. 1890년에 야콥 슈트라우스는 3,280마르크 통장을 개설했습니다. 이 돈이 어떻게 되었는가? 당국은 야콥 슈트라우스가 제1차 세계대전 중인 1916년에 전사했다는 사실을 알아냈습니다. 그 후 이 사람의 이름이 야콥 슈트라우스가 되어야 하는가 아니면 야콥 이스라엘 슈트라우스가 되어야 하는가 (즉 독일인가 아니면 유태인인가) 하는 문제가 제기되었습니다. 아이히만 휘하의 관료주의자들과 하스푸르트 은행간부들 간에 장기간에 걸쳐 주고받은 편지에 이 문제에 관한 내용이 실려 있었습니다. 나치정권이 휘두르는 관료주의의 손아귀에서는 어떤 것도 빠져나갈 수 없었습니다. 그리하여 유태인이 지니고 있던 금, 은과 같은 귀중품 뿐 아니라 이부자리, 심지어는 체온계마저 압류되었습니다.

물론 관료주의가 항상 그렇게 기형畸形을 띠지만은 않습니다. 관료주의는 긍정적인 방향으로 작용할 수도 있습니다. 하지만 관료주의가 지나치게 강조될 경우, 비인간적인 행위에 디딤돌을 놓아주고, 카프카가 소설 『성』에서 탁월하게 묘사한 그런 세계가 현실로 나타날 수도 있습니다.

11 누군가를 평화에 감격하게 하려면 어떻게 해야 합니까?

평화를 위한 교육은 우리가 새로운 영웅을 필요로 한다는 것을 의미합니다. 새로운 영웅이란 정복자나 제왕이 아니라 인류애에 헌신할 수 있는 사람들을 이르는 말입니다. 하지만 이런 사람들의 운명은 아마도 인도주의의 성인聖人이 걸머진 운명과 다를 바 없을 것입니다. 이런 사람들은 찬사를 받고 심지어는 종종 숭앙을 받기도 하지만, 이들을 본받는 사람은 거의 찾아보기 힘듭니다. 일반 신도들과 위대한 성인 간의 간격은 오늘날에도 예전 못지않게 큽니다.

우리 중에 그렇듯 성스러운 일을 할 수 있는 사람은 극소수일 뿐이라고 이의를 제기할 수도 있을 것입니다. 맞는 말입니다. 그러나 우리는 적어도 우리가 어떻게 하면 사랑과 이해에 도달할 수 있는지를 솔선해서 보여주는 사람, 즉 인류애의 소리 없는 영웅들이라고 부를 수 있는 사람들을 인정해 주고 그들에게 용기를 북돋아 줄 수는 있을 것입니다. 세상은 대체로 이런 사람들을 세상물정에 어두운 사람들로 치부하는 반면에, 공명심이 많은 사람들, 기회주의자들을 칭송합니다.

이론상으로는 평화를 찬미하지만, 정작 사회생활에서 그리고 국가 간의 관계에서 갈등과 적개심의 원인을 규명하려는 실천의지는 찾아보기 힘듭니다. 사람들은 평화의 이상을 기리면서도, 다른 한편으로 거의 매해마다 점점 더 끔찍해지는 파괴수단의 자금을 지원하기 위해 군사비를 상향조정합니다. 현대인간의 지배윤리는 각종 국가예산에 의해 규정됩니다. 국가예산의 배당은 건설적인 목적과 집단학살 간에 엄청난 차이를 보여 줍니다.

이탈리아의 위대한 사상가 마키아벨리는 수백 년에 걸쳐 야비한 인간으로 간주되며 거부당했습니다. 왜냐하면 국가의 대내외적인 관계를 그가 숨김없이 기술했기 때문입니다. 불행히도 그의 사고는 지나치게 현실적인 쪽으로만 치중해 있었습니다. 그는 군주를 탁월한 기만술을 구사할 수 있는 여우로 묘사했습니다. 겉으로는 윤리를 존중하는 척하면서 목적을 위해서는 온갖 비윤리적인 방법을 동원하는 여우 말입니다.

마키아벨리는 사람을 선동하는 방법이 얼마나 쉬운가를 숙지하고 있었습니다. 이를테면 경제적 사회적으로 발생한 제반 문제의 초점을 딴 쪽으로 돌리기 위해 전쟁을 일으킴으로써 증오와 편견에 불을 댕기고 그 효과를 노리는 것입니다.

마키아벨리는 시니컬하게 평화시기에는 민주주의가 매우 유용하다고 말했습니다. 그러나 전쟁이나 다른 위기상황이 벌어질 경우, 이를 극복하기 위해서는 독재가 유일한 해결책이라는 것이었습니다. 그는 전쟁을 지배자 한 사람이 좌지우지할 수 있는 일로 간주했습니다. 그에 의하면 심지어 평화시기에도 전쟁계획을 세워야 하며, 국방을 소홀히 한다는 것은 적의 침략과 자국의 패배를 감수함을 의미했습니다.

이어서 마키아벨리는 전쟁을 통해 반대세력을 물리칠 수 있다고 말했습니다. "저들이 적에게 도움을 주지 않겠는가? 저들이 반역을 도모하지 않겠는가?"

전쟁은 무엇보다 통치자에게 한 국가의 운명을 수중에 넣을 수 있는 막대한 권력을 안겨 줍니다. 전쟁은 위기상황과 비상사태를 유발할 경우 일어날 수 있습니다. 현대역사를 보면 많은 전쟁과 더불어 어김없이 독재자들이 나타났습니다. 독재자들은 자기 나라를 처참한 전쟁으로 몰고 갔습니다. ─ 전쟁, 전쟁의 결과는 어마어마한 대량살육입니다.

프로이트는 전쟁이 문명의 수준을 얼마나 깎아내리는지를 목격했습니다. "전쟁상태는 모든 범죄와 인간이 저지를 수 있는 온갖 폭력을 허용한다."

"전쟁의 목적은 살인이다." 톨스토이의 이 문구는 전쟁이 왜 힘러Himmler와 회스, 아이히만 그리고 최근에 와서 캘리Calley 소위와 같은 인간을 만들어 낼 수 있었는지를 잘 설명해 줍니다.

캘리는 베트남의 말라이에서 임의로 부녀자와 어린아이들을 대량학살한 혐의로 기소되었습니다. 하지만 그의 행위가 우리의 상상을 뛰어넘는 예외적인 것은 아니었습니다. 그는 다만 잔인성이 칭송되는 전쟁에서 자신의 가학적 성향을 펼칠 수 있는 기회를 포착했을 뿐입니다. 그는 사생활에서는 무기를 만져 본 적이 한 번도 없는 사람이었습니다. 그는 요리를 잘할 뿐 아니라 매우 친절한 사람이었습니다. 그는 전차를 타면 노인에게 자리를 양보하는 사람이었습니다.

우리는 대체로 그런 범행을 저지를 수 있는 사람은 가학적인 성격의 소유자일 것이라고 생각합니다. 우리는 그가 독재자처럼 동물을 학대

할 사람이기를 은근히 바랍니다. 하지만 그건 전혀 틀린 생각입니다. 적어도 캘리 소위의 경우에는 말입니다. 그는 사생활에서는 아주 붙임성이 좋은 사람이었습니다.

외견상으로 캘리는 모든 면에서 모범적인 사람이었습니다. 그러나 다른 많은 사람들이 그랬던 것처럼 그 또한 베트콩에 대해서는 적개심을 품었습니다. 예컨대 그는 베트콩에 동조하는 베트남 사람들조차 인간으로 여기지 않았습니다. 그에게 그들은 단지 'gooks'(동남아시아인의 낮춤말), 즉 섬멸해야 할 적으로 생각될 뿐이었습니다.

인간을 객체로 전락시키고, 그들이 지닌 감정과 소망을 공유하지 않고, 소수자를 합법적으로 증오하고 경멸해도 되는 속죄양으로 간주하는 이러한 철학, 이러한 태도는 어김없이 폭력으로 이어집니다. 이 세상에는 캘리와 같은 사람이 수백만에 달합니다. 이들이 쓰고 있는 문명이라는 가면 뒤에는 야만이 도사리고 있습니다.

전쟁이 많이 일어나면 날수록 캘리 소위와 같은 사람들이 힘을 얻습니다. 증오를 부추기기 위한 선전이 많아질수록 집단학살의 씨앗이 그만큼 널리 뿌려집니다. 히틀러의 발흥은 제1차 세계대전이 없었더라면 불가능했습니다. — 이 전쟁은 수백만에 달하는 사람들을 온통 편견과 증오 그리고 히스테리로 유인했습니다.

레마르크의 『서부전선 이상없다』와 플리비어Plivier의 『스탈린그라드』 같은 소설은 문학적으로 가치가 있을 뿐 아니라, 편견이 어떤 작용을 하는가를 매우 구체적으로 증언합니다.

괴벨스는 나치돌격대에게 레마르크의 저 훌륭한 소설을 원작으로 한 영화의 상영을 방해하도록 지시했습니다. 나치정권은 전쟁의 공포를 묘사한 소설들은 일체 금지했습니다. 전쟁의 무의미성과 화해의 필요성을 탁월하게 묘사한 마리아 셸Maria Schell 주연의 〈최후의 다리〉는 청소년들 뿐 아니라 어른들에게도 오래도록 깊은 감명을 줄 수 있는 영화입니다. 〈내 사랑 히로시마〉는 중고교 학생들 모두에게 권장해도 좋을 영화입니다. 이 영화는 핵전쟁이 인류에게 어떤 결과를 초래하는지를 학생들에게 명료하게 각인시켜 줄 것입니다.

유감스럽게도 우리는 평화를 위해 일하는 제반 기구들을 과소평가하고 있습니다. UN과 같은 국제연맹은 현재까지 별로 큰 지원을 받지 못하고 있습니다. 김나지움 졸업반 학생에게 카를 대제大帝에 관해 물으면 대답이 곧 나오지만, WHO나 FAO 또는 IAEA에 관해 물으면 대답을 못하거나 틀린 대답을 합니다.

우리시대의 계몽은 정보情報로 그쳐서는 안 됩니다. 계몽은 마음을 활짝 열고 새로운 아이디어들을 받아들일 것을 요구합니다. 계몽은 인간에 대한 연민을 요구합니다. 어떤 종류이건 간에 편견은 진로를 방해합니다. 고대, 중세, 현대를 막론하고 역사의 일정 부분은 편견의 희생자들에 관한 기술로 가득 차 있지 않은가요?

관용만으로는 너무 부족합니다. 관용은 단지 시작일 뿐입니다. 관용은 동감과 실천이 뒷받침되어야 합니다.

우주연구에 성과를 거두면서 역사는 우주의 차원으로 확장되었습니다. 그럼에도 불구하고 대부분의 사람들은 여전히 혈통문제에 매달려 있습니다. 그렇게 사람들은 두 개로 분리된 세계에 살고 있습니다. 한

쪽은 아주 원시적인 세계에 살고 있고, 다른 한쪽은 이미 21세기를 선취하는 세계에 살고 있습니다.

인류가 계속해서 편견과 증오에 사로잡혀 있으면 다음 세기에는 거의 살아남지 못할 것입니다. 설사 살아남는다 하더라도 지구는 황무지로 변해 있을 것입니다.

12 개인은 교수님이 말씀하신 사랑의 정신에 구체적으로 어떻게 기여할 수 있을까요?

사랑의 감정을 이끌어 내기 위해서는 사랑에 걸맞은 환경이 필요합니다. 식물이 자리기 위해서는 그에 걸맞은 토양과 환경을 필요로 하듯이, 사랑이 증대되기 위해서도 그에 걸맞은 환경이 필요합니다.

경제적 사회적 문화적 환경이 극도로 열악할 경우 사랑은 싹트기 힘듭니다. 생존경쟁이 너무 심하거나, 개인의 삶이 너무 팍팍해질 경우 적개심이 증대되게 마련입니다. 공격성과 무관심은 사랑의 두 대적大敵입니다. 이 두 가지 감정은 업적과 경쟁이 개인의 성취를 압도하는 사회제도에서 꽃을 피웁니다.

우리는 사야를 넓히고 살고 있는가? 우리는 새로운 경험을 하고 있는가? 우리는 새로운 친구를 만나는가, 아니면 고정된 삶을 살고 있는가? 우리는 적응을 강요당하고 있는가? 우리의 사회관계는 기계적으로 이루어지는가? 이 질문들에 대한 대답은 사랑의 자질을 가늠하기 위해서 절대적으로 필요합니다.

사랑은 우리 삶의 동반자입니다. 사랑은 오케스트라와 함께 연주하는 예술가와 같습니다. 예술가와 오케스트라는 연주되는 음악을 통해 규정됩니다. 악곡은 우리의 생활양식과 유사합니다. 우리의 생활양식은 다른 사람들과 우리가 교류할 수 있는 능력을 규정합니다.

사랑의 분위기를 만들어 내기 위해 필요한 두 가지 요소는 온화함과 부드러움입니다.

어린 아이에게는 특히 어머니의 애정이 필요합니다. 르네 슈피츠René Spitz는 『젖먹이에서 유아에 이르기까지』라는 그의 저서에서, 유아는 그의 어머니가 보살펴 줄 때에만 정상적으로 성장할 수 있다고 말합니다. 유아가 어머니로부터 떨어져서 유아와 개인적인 접촉을 많이 할 수 없는 보모에 의해 양육될 경우, 유아는 적지 않은 정서적 피해를 입게 됩니다. 이런 유아는 병약해지며, 정서적으로 균형을 잃게 되고, 사랑의 결핍으로 인해 성장에 문제가 생깁니다. 다시 말해 정신적 육체적으로 성장이 지연된다는 것입니다.

어린 아이들이 창조적인 분위기에서 자라게 하려면, 사랑에는 아이들을 존중하는 태도가 곁들여져야 합니다. 좋은 학교에서는 학생들의 생각이 교사들의 생각과 마찬가지로 존중받습니다. 학교가 살아 있는 공동체가 되려면 그 학교의 수위도 교장과 마찬가지로 존중되어야 합니다. 좋은 사회에서는 각종 편견이 극복되고 이웃사랑이 실현됩니다. 그러나 이런 사회는 오늘날 존재하지 않는 꿈의 사회입니다.

사랑은 내가 다른 사람을 포용함으로써 시작됩니다. 그렇게 사랑이 시작되면 개인은 자신의 능력과 약점을 자각하게 되고, 자신의 긍정적인 면을 강화하게 되며, 이런 튼튼한 바탕에서 자신의 삶을 건설하게 됩니다. 이렇듯 자신의 가치를 알게 됨으로써 그는 다른 사람을 비하할 필요가 없어지게 됩니다. 그렇게 되면 속죄양이 필요 없어집니다. 그렇게 되면 생각의 폭이 넓어지고, 보다 큰 자신을 경험하게 됩니다. 그렇게 되면 자신과 이웃사람들 간의 차이도 점점 줄어들게 됩니다.

우리는 자신을 사랑하는 만큼 다른 사람들도 인정해 주어야 합니다. 그렇게 되면 그들의 시련과 약점, 좌절 그리고 그들의 잘못 등을 내 것처럼 인식하게 됩니다. 이 말은 자신의 삶을 다른 사람들과의 관계 속에서 바라보고, 다른 사람들과 공감대를 형성하라는 뜻입니다.

사랑은 감정 이상의 것입니다. 사랑은 행동으로 옮겨질 때 비로소 발현됩니다. 사랑을 아는 것과 사랑의 삶을 사는 것은 별개의 문제입니다. 대부분의 사람들은 사랑을 그들의 삶의 절정으로 여기며 기다립니다. 마치 어떤 처녀가 캐딜락을 탄 스타를 기다리듯이 혹은 어떤 남자가 완전한 여자를 기다리듯이 말입니다. 그러한 사랑은 결코 진정한 사랑이 아닙니다. 그러한 기대는 우리에게 현실의 요구와 현실성을 직시하지 못하게 합니다. 사랑이란 시야를 더 크게 넓히는 것입니다. 사랑은 우리의 메마른 일상적 삶을 온기와 애착이 샘솟는 오아시스로 만들 수 있습니다.

사랑받기보다는 사랑하게 해 달라는 성 프란체스코의 기도는 그 시대와 마찬가지로 오늘날에도 유효합니다. 우리는 대체로 사랑의 대상이 되기를 바랍니다만, 이는 어린 아이의 바람입니다. 우리가 사랑을 위해 전력투구할 수 있기를 배운다면 우리의 삶의 세계는 보다 넓어지게 되고, 속물근성과 천박성 그리고 편견은 극복될 수 있습니다.

우리에게 주어진 사랑의 책무는, 우리를 가장 필요로 하는 사람들을 헌신적으로 돕는 것입니다. 정신질환자와 죄수, 양로원 노인, 수용소

피난민, 자녀를 여덟 명 둔 빈민가의 가족, 서민 학교에 다니는 외국인 노동자의 아이, 정신병원에 수감된 환자 그리고 적의에 찬 백인들로 둘러싸인 흑인 아이—이들 모두는 인류애를 필요로 하고, 그들을 걱정하는 사람을 필요로 합니다.

오늘날 많은 사람들은 대학교육의 필요성을 역설합니다. 물론 대학교육은 중요합니다. 하지만 인간교육은 훨씬 더 중요합니다. 대학교육 그 자체만 놓고 보면 그것은 지식욕의 다른 표현에 지나지 않습니다. 대학교육은 지식의 양量을 미화할 뿐입니다. 그에 반해 인간교육은 훨씬 더 큰 의미를 지닙니다. 인간교육은 사회가 제반 인간적인 활동을 얼마나 잘 꾸려 나가느냐, 다시 말해 사랑을 구체적으로 실현할 수 있는 능력을 얼마나 지니고 있느냐에 따라 평가받을 것을 요구합니다.

사랑이 충만한 사회를 만들어 내는 것보다 더 보람찬 일은 없습니다. 그러나 어디를 돌아보든 우리의 문화권은 이런 일과는 아주 다른 방향으로 움직이고 있습니다. 이를테면 양적 기준을 가치평가 대상으로 삼는가 하면, 개인을 소외시키고, 편을 가르고, 범세계적인 협동작업을 거부합니다. 특히 경제적인 이해관계가 문제될 경우에는 말입니다.

수백만에 달하는 사람들이 기아에 시달리고 있음에도 불구하고 이를 외면한 채, 우리는 지금까지 걸어온 길 쪽으로만 계속해서 걸음을 옮기고 있습니다. 저 사람들은 우리와 피부가 다른 사람들이다, 저들은 우리와 다른 종족이다, 저들의 운명은 우리와 상관이 없다—우리는 이런 식의 태도를 취하고 있는 것입니다.

우리의 이러한 태도는 독일이 유태인을 박멸하려 할 때 이를 방관한 다른 나라들과 다를 바가 없습니다. 우리는 그런 태도가 잘못되었다고 비난하면서도 정작 우리 자신을 돌아보며 양심의 가책을 느끼지는 않고 있습니다. 우리의 사랑의 능력은 단지 플라토닉 러브 수준에 지나지 않습니다. 우리는 목사의 설교나 어떤 신문의 머리기사에 가슴 뭉클해 합니다. 심지어 우리는 무언가 대책을 세워야 한다고 다짐합니다. 하지만 거기까지입니다. 우리는 생각에 머물 뿐 행동에 나서지 않습니다.

제가 최근에 만난 어떤 유명한 판사가 바로 이런 생각을 가진 사람이었습니다. 그는 저에게 다음과 같이 말하는 것이었습니다. "당신의 생각은 비현실적입니다. 내가 어떻게 모르는 사람들을 사랑할 수 있겠습니까? 내 가족과 내 친구들에게 깊은 사랑을 베푸는 것으로 충분합니다."

"그렇다면 당신은 인도주의에 관심이 없다는 말씀인가요?"

"내 생각에 인도주의는 추상적인 개념입니다. 사람이 죽어 간다는 건 나와 상관없는 일입니다. 사람이 죽어 간다고 해서 내 입맛이 떨어지지 않습니다. 나는 잘 먹는단 말입니다!"

"그러면 당신은 다른 사람들에 대한 의무감 같은 건 느끼지 않는다는 얘기인가요?"

"느끼지 않습니다. 나는 나 자신에 대한 의무감만 느낍니다. 다른 사람들은 그들이 직접 자신을 돌보아야 합니다. 그들이 굶주린다면 그건 아마도 그들 자신이 책임져야 할 일이겠죠!"

이런 생각은 어떤 결과를 낳았을까요? 그는 과체중에다 심근경색에 걸릴 위험을 안고 있고, 그의 부인은 술에 젖어 있으며, 그의 아들은 제트족Jet-Set에 속하는 플레이보이입니다.

고난에 처한 이웃의 운명을 외면할 경우 우리는 내적인 빈곤에 시달리게 되는 형벌을 받게 됩니다. 여기서 내적 빈곤이란 우리가 철저하게 고립된다는 것을 의미합니다. 우리가 바로 풍요의 희생자가 되는 겁니다.

사랑의 정신은 결단을 요구합니다. 랄프 왈도 에머슨Rahlph Waldo Emerson은 다음과 같이 말했습니다. "신은 누구에게나 진실과 평안 중 한 가지만 선택할 것을 권한다. 누구나 자신이 원하는 것을 선택할 수는 있지만, 두 가지를 동시에 취할 수는 없다."

이런 면에서 사랑은 영혼의 안식에만 안주하려 하지 않는 사람을 필요로 합니다. 이런 사람은 다른 사람의 고통에 깊이 마음 아파합니다. 이런 사람은 자신의 윤리적 의무에 대한 확고한 신념을 지니고 있습니다. 이런 사람은 지구의 다른 곳에서는 먹을 것이 부족해 아이들의 눈이 멀어 가는 현실을 외면한 채 자기만 배불리 먹지 않습니다.

사랑은 합일을 추구합니다. 사랑은 흔히 두 사람의 육체적 결합을 상징합니다. 하지만 그런 결합은 표피적일 뿐입니다. 그런 결합은 오래가지 못합니다. 짧은 열정의 시간들이 지나면 고독은 더욱 더 깊어집니다. 두 사람이 진정한 합일을 이루려면 끊임없는 탐구가 수반되어야 합니다. 이 탐구는 우리의 현존 일체를 아우르는 탐구로서, 우리가 새로운 현실에 도달할 수 있게 해 줍니다.

이런 사랑은 실현시키기가 어렵습니다. 이런 사랑은 숙성夙成과 희생정신을 필요로 합니다. 하지만 어떤 사람에게 이런 사랑이 한번 깃들면, 이 사랑은 꺼지지 않는 불길이 됩니다. 그렇게 되면 새로운 경험을 하게 되고, 새로운 척도를 얻게 됩니다. 멀리 있는 것이 가까워지고 이상이 현실이 됩니다. 도스토예프스키처럼 우리는 "이 세상 모든 것에 책임을" 느끼게 됩니다.

그런 책임감은 우리에게 구체적인 행동에 나설 것을 요구합니다. 좋은 뜻만으로는 부족합니다. 어떤 계기에 우연히 도울 마음이 생기는 것으로는 부족합니다. 우리가 약자들과 도움을 필요로 하는 사람들을 어떻게 대하고, 우리의 유아독존적 사고와 우리 내면의 편견을 어떻게 극복하느냐 하는 문제는, 우리 자신의 삶뿐만 아니라, 미래의 인류의 운명을 결정짓는 중차대한 문제입니다.

옮긴이의 말

1

이 책은 그 제목에서부터 우리의 등골을 섬뜩하게 만든다. "편견—인류의 재앙". 편견이 인류의 재앙을 부른다는 말인데, 표현이 좀 과장됐다는 생각이 들기는 해도 '재앙'이란 단어가 주는 심리적 충격이 그만큼 크기 때문이다. 하지만 남북갈등을 넘어 남남갈등이 점점 고조되고, 사회 도처에 '갑질'이 횡행하고, 군과 학교에서 폭력과 '왕따'가 사라지지 않는 우리네 현실에서 이 제목은 문득 저 『요한계시록』을 떠올리게 한다. 이러다가 정말 대한민국이 '산산이 부서진 이름'이 되는 것은 아닌가 하는 두려움이 앞선다. 이 책의 저자 프레데릭 마이어Frederick Mayer는 대부분의 전쟁도 궁극적으로는 편견 때문에 일어난다고 하지 않는가.

지은이가 말하듯이 "이 책에는 편견에 대한 학문적 논술이 담겨 있는 것이 아니라, 이 분야에 관심 있는 독자들을 위해 정리한 증거자료들이 수록되어" 있다. 지은이는 세계 각지를 돌아다니며 편견이 어떤 사회계층 내지 어떤 민족에게 어떤 양상으로 나타나는지를 추적하고 있다. 그는 편견의 대표적인 사례를 흑백갈등과 반유태주의, 외국인노동자 차별, 인디언 차별, 성차별 등과 같은 인종주의에서 찾는다. 인종주의는 상대방을 열등한 존재로 비하시키고, 심지어 상대방을 짐승으로 격하시키는 반면에, 자신을 일등국민, 선택된 인간으로 치부함으로써 빚어지는 현상이다.

여기서 우리가 각별히 유념해야 할 것은, 편견이 어떤 특정 국가나 특정 지역의 산물이 아니라는 점이다. 위에서 언급했듯이 편견은 특정 사회(계층) 내지 특정 민족에게서 나타나는 사고유형이다. 따라서 우리는 어떤 국가 또는 어떤 지역 사람들이 편견이 많다라고 말해서는 안 될 것이다. 이른바 선진국 또는 문명국가에도 그 사회계층에 따라 편견이 만연해 있는가 하면, 후진국 또는 미개국 사람들 그리고 소수민족에서도 관용이 삶의 기본원칙으로 자리매김한 경우가 적지 않다.

편견의 문제를 자신의 여러 작품에서 탁월하게 형상화한 스위스의 작가 막스 프리쉬가 말했듯이 "사랑이 사라진 곳에 편견이 똬리를 튼다". 프레데릭 마이어는 사랑과 관용에서 편견을 퇴치할 수 있는 길을 찾는다.

> 사랑은 내가 다른 사람을 포용함으로써 시작됩니다. 그렇게 사랑이 시작되면 개인은 자신의 능력과 약점을 자각하게 되고, 자신의 긍정적인 면을 강화하게 되며, 이런 튼튼한 바탕에서 자신의 삶을 건설하게 됩니다. 이렇듯 자신의 가치를 알게 됨으로써 그는 다른 사람을 비하할 필요가 없어지게 됩니다. 그렇게 되면 속죄양이 필요 없어집니다. 그렇게 되면 생각의 폭이 넓

어지고, 보다 큰 자신을 경험하게 됩니다. 그렇게 되면 자신과 이웃사람들 간의 차이도 점점 줄어들게 됩니다.

그는 여기에서 그치지 않고 책의 끝머리에서 시민의 용기, 실천정신을 강조하며 이렇게 말한다. "관용만으로는 너무 부족합니다. 관용은 단지 시작일 뿐입니다. 관용은 동감과 실천이 뒷받침되어야 합니다." 사랑도 마찬가지라고, 실천의 문제라고 그는 역설한다. "사랑은 감정 이상의 것입니다. 사랑은 행동으로 옮겨질 때 비로소 발현됩니다. 사랑을 아는 것과 사랑의 삶을 사는 것은 별개의 문제입니다." 그러니까 말로만 관용과 사랑을 외칠 것이 아니라—이렇게 될 경우 이 두 단어는 상투어가 돼 버리고 만다—관용과 사랑을 실천에 옮기라는 얘기다. 그밖에도 지은이는 권위의식, 종교의 편협성, 세대 간의 갈등, 상투어, 적개심 등의 열쇠어를 통해 편견의 문제를 조명하고 있다.

이 책은 1975년 그러니까 지금으로부터 반세기 전에 출판된 책이지만, 책에 적시된 여러 가지 편견의 사례들은 오늘날 우리에게 역사적 사건으로 또는 반면교사로 적지 않은 시사점을 던져 준다. 흑인 대통령이 현직에 있음에도 불구하고 백인 경찰들의 흑인 린치가 끊이지 않는 미국, 그런 미국경찰의 만행을 두고 "미국사회에서는 경찰관이 범죄를 진압하다가 정당방위 내지 정당행위로 죽는 사람이 400명이 된다"는 주장을 펼치며 시위 농민을 중태에 빠트린 경찰의 '물대포 직사'를 정당화시키는 우리의 선량, 국회의원이 있다. 그는 시위군중을 쳐부수어야 할 적으로 치부함으로써 편 가르기를 하고 적개심을 조장한다. 프레데릭 마이어는 아커만과 야호다의 말을 인용하여 편견을 "인간 상호간의 영역에서 발생하는 적개심의 행동표본"이라 정의하고, "이 적개심은 어떤 집단 전체를 향하거나 한 집단에 소속된 일부 사람들을 표적으로 삼는다"고 말한다. 목하 우리사회에서 벌어지고 있는 갈등이 그대로 투영된 글이 아니겠는가.

이 책의 지은이는 이러한 편견의 사례와 적폐 그리고 그 문제점과 해결방안 등을 대화의 형식으로 전개하고 설명한다. 그가 굳이 대화형식을 취한 이유는 아마도 독자가 보다 쉽게 이 책에 접근하게 하기 위해서였을 것이다. 실제로 그는 난해한 학술용어나 개념을 피해 가며 마치 학생들과 대화를 나누듯 이야기를 풀어 간다. 때문에 이 책은 중, 고등학교 이상의 학력 내지 지능을 지닌 독자라면 누구나 쉽게 읽어 낼 수 있을 것이다.

이상으로 이 책의 내용과 그 시의성을 간략하게 살펴보았다. 다음은 이 책에서 유보한 대목, 즉 편견에 관한 학술적 논증의 문제를 간략하게 짚어 보기로 하겠다. 그러니까 아래의 글은 프레데릭 마이어의 저서 『편견-인류의 재앙』의 보완적 성격을 지닌다.

2

언젠가 오래전에 고 강원용 목사가 한 말이 오늘도 귓전을 스친다. "정치를 비롯해서 종교에 이르기까지 우리의 꼬인 현실의 원인을 흑백논리에서 찾아야 하며, 이 흑백논리를 벗어날 수 있는 길은 오직 대화뿐이다." 언뜻 들으면 진부한 이야기 같지만 다른 한편으로 오늘 이 시점에서 곱씹어 보아도 정확한 현실진단이요, 올바른 처방이다. 이 말을 뒤집어 보면 정치하는 사람들이, 종교 지도자들이 그리고 우리가 흑백논리에서 벗어나 상대방을 인정하고 진지한 마음으로 대화에 임할 수 있을 때 꼬인 현실, 즉 사회적 갈등은 풀리고 해결될 수 있다는 이야기다.

그런데 문제는 이토록 명쾌한 진단과 처방이 어제오늘 있어 온 것이 아니라 오랜 세월에 걸쳐 수없이 반복되어 왔음에도 불구하고 오늘날 여전히 대화는 실종되고 흑백논리만 횡행한다는 데 있다. 흑백논리는 왜 이토록 끈질긴 생명력을 지니는 것일까? 이 악연은 과연 떨쳐 버릴 수 없는 우리 인간의 저주인가? 하지만 영원히 풀리지 않는 저주란 없다. 어떤 저주이든—그것이 마녀의 저주이든 신의 저주이든—그것을 푸는 열쇠는 있게 마련이다. 흑백논리는 편견과 그 뿌리를 같이하고 있다. 다시 말해 편견을 지닌 사람은 예외 없이 모두가 흑백논리에 빠져 있다는 얘기다. 그렇다면 흑백논리와 편견의 정체를 규명하는 작업이 곧 저 저주를 푸는 하나의 열쇠가 될 수 있지 않겠는가. 아래에서는 '흑백논리'와 '편견의 정체'라는 주제를 사회심리학적 관점에서 분석해 보기로 하겠다.

흑백논리는 세상의 이치를 참과 거짓이라는 이분법으로 재단하는 데 그치지 않고 나의 주장을 항상 참으로, 상대방의 주장을 항상 거짓으로 치부한다는 점에서 그 사회적 해악성이 드러난다. 인간은 불완전한 존재다. 때문에 인간은 실수(오류)를 범할 수 있다. 일찍이 로마인들은 "Errare humanum est", 즉 "실수는 인간적이다"라고 말하지 않았던가. 흑백논리는 유한한 존재인 인간의 실수, 즉 불완전성을 인정하지 않는 자만이나, 인정하지 못하는 오류로부터 출발한다.

흑백론자들도 인간이기에 인간의 기본 정서인 불안을 느낀다. 아니 어쩌면 그들은 누구보다도 더 큰 불안감을 지니고 있는지도 모른다. 흑백론자들은 대체로 자신의 주장에 대한 비판을 허용하지 않는데, 그들이 이렇듯 비판을 허용하지 않는 이유는 기실 그 주장이 완벽해서가 아니라, 비판에 의해 그 주장의 허구가 드러날지도 모른다는 불안감이 작용하고 있기 때문이다. 그들은 심리적으로 불안하면 할수록 더욱 더 진리를 독점하려 들며, 이 진리독점이 자신의 완벽성 내지 완전성을 입증할 수 있고, 나아가 자신의 약점 또한 은폐할 수 있다고 믿는다.

위에서 말했듯이 흑백논리는 편견과 같은 뿌리에서 그 가지를 친다. 편견을 추종하는 사람들, 즉 흑백논리에 빠진 사람들은 자신의 견해를 절대진리로 내세운다. 사회심리학자 에곤 바레스Egon Barres는 편견을 다음과 같이 정의한다.

> 가치평가적 성격을 띠고, (…중략…) 주장적 성격이 강한 그릇된 판단이 궁극적으로 그릇된 것으로 판명되고, 그러한 요구가 사실이 아니라는 것이 충분히 밝혀졌음에도 불구하고, 집요하게 그 판단에 매달리면서 그것을 사실이라고 주장할 경우 이를 편견이라고 한다.[1]

1 Egon Barres, *Vorurteile : Theorie-Forschungsergebnisses-Praxisrelevanz*, Opladen, 1978, p.21.

이와 같이 편견에 사로잡힌 사람들이 지닌 공통된 특징은 자신의 견해가 비판에 직면하거나 부정될 위험에 처할 경우 종종 감정적으로 반응한다는 점이다. 상대방이 자신의 견해와 다른 입장을 표명하거나 그 견해에 반론을 펼 경우, 이들은 이에 대해 합리적인 재반론을 제기하는 대신에 우선 목소리를 높여 상대방의 기부터 꺾으려 든다. 이를테면 교과서 국정화의 문제점을 제기하는 99.9%의 역사학자들을 아무런 근거 없이 무턱대고 "종북주의자!"라고 윽박지르고, "김일성을 추종하는 세력"이라고 몰아세운다. 이렇게 되면 건설적인 대화는 시작도 하기 전에 끝나 버리고 만다. (다시 말해 소통의 길이 원천봉쇄 되는 것이다.) 호르크하이머는 이런 경우를 두고 다음과 같이 말한다. "(편견의) 신봉자들은 자신의 주장이 잘못되었음을 눈치 채면 챌수록 더욱 더 그 주장에 열광적으로 매달린다. 경직된 편견은 광신주의로 빠져들게 마련이다."[2]

인간이 가족 및 사회, 국가 등과 같은 집단을 형성하고, 종교에 귀의하는 근본적인 이유도 불완전성에 대한 불안 때문이다. 불안하기 때문에 인간은 자신의 안전한 삶을 보장받기 위해 이러한 집단에 편입되거나 절대자에 의존하게 된다. 그런가 하면 인간은 아도르노의 말처럼 '자아 나약성'으로 인해, 즉 본질적으로 나약하기 때문에 집단의 힘과 자신을 동화시킴으로써 자신의 약점을 보완하려 든다.[3] 이러한 증상을 『편견의 본질』의 저자 올포트Gordon W. Allport는 다음과 같이 설명한다.

2 Max Horkheimer, "Vorurteil und Charakter", *Gesellschaft im Übergang : Aufsätze, Reden und Vorträge 1942 ~1970*, Frankfurt/M. 1972, p.104.

3 Theodor Adorno, *Eingriffe : Neun kritische Modelle*, Frankfurt/M. 1963, p.156 참조.

"인간의 마음 속 깊은 바닥에는 불안이 도사리고 있다. 인간은 혼자서는 이 세상을 단호하고 떳떳하게 대적하지 못한다. 인간은 자신 및 자신의 본능에 대해, 자신의 양심에 대해, 그리고 변화에 대해, 자신의 사회적 환경에 대해 불안을 느낀다."[4] 이렇듯 불안 및 자아 나약성은 인간 모두에게 내재해 있지만, 이러한 약점을 지나치게 은폐하려 할 경우 편견(또는 흑백논리)에 빠지게 된다.

아도르노는 편견을 일종의 정신질환으로 규정한다. 그는 편견이 전개되는 과정을 적자생존의 틈바구니에서 살아남기 위해 자신의 특정한 신체기관을 엄청나게 불려 나가다가 끝내 기형을 띠게 되는 공룡에 비유한다. 이와 같이 편견에 빠진 인간은 자아나약성을 은폐하기 위해 안간힘을 쓰다가 끝내 자신을 무적의 강자로 내세우게 되는 것이다. 이를테면 그는 자신의 단순한 주관적 견해를 종종 공인된 견해 내지 사실진술로 둔갑시킴으로써 자신의 견해에 권위를 부여하고자 한다. 그러나 누가 이때 자신의 견해에 이의라도 제기하면 그는 곧장 비이성적으로, 위에 말한 것처럼 감정적으로 반응한다. 아도르노에 의하면, 이때 그는 자신의 견해가 희생됨으로써 야기되는 이기적 자존심의 손상을 방지하기 위해 예리한 감각을 동원한다. 이렇듯 그는 자신의 견해에 대한 이의를 결코 허용하지 않는다. 그도 그럴 것이 그에게는 자신의 견해를 희생시키는 것이 곧 자신의 몰락을 의미하기 때문이다.

여기서 **진리독점**에 대한 욕망이 고개를 쳐든다. 편견의 추종자는 자

4 Gordon W. Allport, *Die Natur des Vorurteils* (Titel der Originalausgabe : The Nature of Prejudice), Köln 1971, pp.53~54.

신만이 진리를 말하며, 자신의 진술에 대한 이의 내지 반론은 모두가 거짓이라고 믿는다. 아니, 그의 이러한 믿음은 거의 확신에 가깝다. 그는 자신의 내부에 깃들어 있는 나약성을 보지 못하거나 또는 보려 하지 않을 뿐 아니라, 이 나약성을 오히려 상대방에게서 찾으려 한다. 이런 심리적 메커니즘을 사회심리학 용어로 **투사**投射, Projektion라고 한다.

편견에 사로잡힌 사람들은 끊임없이 신화 내지 이야기를 만들어 내는데, 이 이야기 속에서는 항상 그들이 속한 집단의 일원만이 선한 사람들이고 다른 사람들은 악인으로 등장한다. 이것이 바로 투사작용을 통해 나타나는 현상이다. 다시 말해 편견에 사로잡힌 인간이 자신의 등짐(약점)을 남에게 떠넘기는 행위를 투사작용이라고 한다.

자아 나약성에 빠진 사람은 곤경에 처하면 자신의 내부에 숨어 있는 약점을 적대시하게 된다. 바로 이 약점 때문에 자신이 불행해진다고 믿기 때문이다. 하지만 그는 자기의 내부에 도사리고 있는 이 적適을 퇴치하는 대신에 보다 힘없는 적을 날조해 낸다. 다시 말해 그는 자신의 주변에서 자신보다 힘이 약한 상대, 즉 속죄양을 물색하여 이 상대를 적으로 삼는다. 그리하여 자신의 외부에 있는 이 적으로부터 오점을 들추어냄으로써 자신의 불행에 대한 책임을 이 적에게 전가하는 것이다. 이것이 이른 바 **속죄양 작전**이다. 6백만에 달하는 유태인의 학살을 주도한 히틀러는 어린 시절에 주위의 친구들로부터 유태인을 닮았다는 얘기를 많이 들었다고 한다. 히틀러의 이러한 집단살인교사 행위를 올포트는 히틀러의 심리적 불안에서 찾는다. "히틀러는 본질적으로 자신을 유태인과 동일시했다. 때문에 그는 유태인에게 형벌을 가함으로써 자신을 향한 탄핵의 손길을 피하고자 했다"[5]는 것이다.

편견의 추종자들은 이 세상이 오로지 두 극단, 즉 선과 악으로만 구성되었다고 생각한다. 이들은 세상이 다양하다는 사실을 모르거나 알려고 하지 않는다. 이들은 현실세계의 모든 현상이 무한한 다양성을 띠고 있음에도 불구하고 항상 양자택일을 강요하거나, 나를 위한 것이 아니면 나에게 해로운 것, 친구 아니면 적으로 분류하고자 한다. 이들에게는 아무 때고 공격할 수 있는 '나쁜 적', 즉 속죄양이 반드시 있어야 한다. 이들의 존재는 이러한 조건, 이른바 마녀사냥을 할 수 있는 조건 하에서만 그 생명이 부지될 수 있기 때문이다. 이들에게는 증오의 대상이 누구이든 상관없다. 이들에게 중요한 것은 그 어떤 적이든 적이 있기만 하면 되는 것이다. 반유태주의자들은 유태인이 없었다면 유태인을 만들어 냈을 것이라고 올포트는 말한다. (같은 맥락에서 프레데릭 마이어도 이 책에서 "속죄양이 유태인이든 흑인이든 상관없습니다"라고 말한다.) 근본적으로 이들에게는 적대관계 그 자체가 아니라, 자신 내지 자기 집단의 안위가 중대한 관심사이다.

이러한 양극적兩極的 세계해석을 관철시키기 위해 편견주의자들은 진리 내지 진실을 은폐한다. 이들의 진술에서는 사실보다는 이들 자신의 관심(이익)이 우선한다. 다시 말해 이들은 사실이 마음에 들지 않거나 자신에게 불리하게 작용할 것이라는 판단이 설 경우 사실을 은폐한다. 이들은 때로 의식적으로, 때로는 무의식적으로 사실을 은폐하는데, 바

5 Ibid., p.391.

리온Jacob Barion에 의하면, 무의식적인 은폐는 자기기만적 성격을 지니는 데 반해, 의식적인 기만은 다른 사람을 호도한다.

이 경우 은폐는 종종 자신의 관심과 연결된 가치평가를 사실진술로 둔갑시키는 행위를 통해 이루어진다. 이런 행위는 우리의 일상생활에서 보다 쉽게 소기의 목적을 달성한다. 그도 그럴 것이 우리의 일상적 사고는 대체로 가치평가와 사실진술을 엄격하게 구분하지 않기 때문이다. 학문세계와는 달리 일상적 사고에서는 세계관과 가치관이 하나로 묶여 있는 경우가 많다.

그런가 하면 언어가 사실을 은폐하는 경우도 적지 않다. 일찍이 베이컨은 그의 『우상론』에서 언어에 대해 가차 없이 비판한바 있다. 그는 언어가 정신에게 폭력을 행사하고, 모든 것을 파괴한다고 말한다. 일상에서 사용되는 언어는 보통 반이론적인 요소들을 많이 지니고 있다. 이와 같이 이성에 반하는 요소들은 특히 상투어에 많이 들어 있다. 잘라문Kurt Salamun은 그의 『이데올로기-학문-정치』라는 책에서 이 용어의 성격을 다음과 같이 규정하고 있다. "상투어는 사이비 경험적 성격을 지닌다. 다시 말해 상투어는 사실상 상세한 정보는 고사하고 아주 작은 정보내용조차도 전혀 가지고 있지 않음에도 불구하고 경험적 사실을 전한다고 주장한다."[6]

상투어는 이따금 논리적이고 심지어 분석적으로 보이기도 하지만, 사실상 진실에 관해서는 아무것도 진술하지 않는다. 어떤 진술이건 진

6 Kurt Salamun, *Ideologie-Wissenschaft-Politik : Sozialphilosophische Studien*, Graz-Wien-Köln, 1975, p.32.

술은 그것이 실행되는 과정에서 행동지침을 수반하지 않는 한 공허하고 무의미하다.

아무리 학식이 깊고 지능이 높은 인간이라 하더라도 일단 그 어떤 집착(욕망) 내지 편견에 사로잡히면 그 순간부터 그의 판단능력은 제 기능을 발휘하지 못한다. 이 경우 그의 사고지평은 그를 사로잡은 집착의 정도에 반비례하게 된다. 다시 말해 그의 집착 내지 고정관념의 범위가 넓고 깊을수록 그의 사고범위는 그에 반비례해서 그만큼 좁고 얕아진다. 그도 그럴 것이 이 집착의 세계를 둘러싼 장벽은 엄청나게 높고 두터워서 그 속에 사로잡힌 사람이 바깥세상을 내다볼 수 없게 만들기 때문이다.

이상 편견 내지 흑백논리의 문제를 '불안감', '진리독점', '투사', '속죄양 작전', '상투어' 등 몇 가지 열쇠어를 통해 살펴보았다. 결론적으로 말해 오늘의 꼬인 현실을 풀어내기 위해서 우리는 강원용 목사의 말대로 우선 흑백논리에서 벗어나야 하며, 흑백논리에서 벗어나기 위해서는 자신의 편견을 떨쳐 버릴 수 있는 용기를 가져야 한다. 내가 인간인 한 불완전하며, 따라서 내가 알고 있는 생각 내지 지식(정보)이 틀릴 수도 있다는 점, 반면에 남의 생각 내지 지식이 맞을 수도 있다는 점을 항상 염두에 둘 수 있는 관용정신을 길러야 할 것이다.

진리의 문제를 해석학으로 풀어낸 독일의 철학자 가다머Hans-Georg Gadamer는 그의 주저 『진리와 방법』에서 '이해의 역사성'을 강조한다. 다시 말해 진리는 절대 불변하는 것이 아니라 시대에 따라 그리고 사람에 따라 달리 이해되고 해석될 수 있다는 것이다. 철학사 내지 사상사 또는 과학사에서 수없이 증명되었듯이 어제의 진리가 오늘은 통용되지 않을 수도 있다. 지동설을 주장한 브루노와 갈릴레이도 당대에는 천기를 누설한 죄인으로 낙인찍히지 않았던가. 태조 이성계도 고려 사람의 입장에서 보면 한갓 반역자일 뿐이다. (관념론을 집대성한 헤겔과 헤겔의 관념론에 반기를 들고 유물론을 체계화한 마르크스, 서양철학의 이 두 거두가 공히 진리의 불변성을 부정하고 역사발전을 정반합의 원리, 즉 변증법에 근거하여 논증했다는 사실은 우리에게 큰 시사점을 던져 준다.)

상대방의 생각이 나와 다르다고 해서, 상대방이 내 견해를 비판한다고 해서 상대방을 폄훼하거나 적대시하는 풍토에서는 참다운 대화 내지 토론문화가 이루어질 수 없으며, 진정한 민주주의가 꽃을 피울 수 없다. 상대방이 나와 다른 생각을 가질 수 있다는 사실을 겸허하게 받아들이고 인정할 때 비로소 우리는 우리네 현실을 옥죄고 있는 반목과 갈등을, 꼬인 실타래를 풀어 나갈 수 있을 것이다.

석학 리영희도 "새는 좌우의 날개로 난다"고 하지 않았던가. 좌익(진보)을 백안시하는 우익(극우)과 우익(보수)을 백안시하는 좌익(극좌)이 극한 대치하는 한 평화는 사막의 신기루일 뿐, 갈등은 증폭될 수밖에 없다. 보수와 진보는 경쟁관계이자 상호 보완관계다. 따라서 진보 없이는 보수가 있을 수 없고 보수 없이는 진보가 존재할 수 없다. 이 평범한 진리를 편견이 줄기차게 저 레테의 강으로 던져 버리는 우리네 현실이 답답하고 안타깝다. 무인도의 로빈슨 쿠르소도 프라이데이라는 원시인과 소통을 이룰 수 있었기에 살아남지 않았던가.

정물화에서 빛의 명도는 그림자 쪽의 터치가 얼마나 강하냐에 좌우

된다. 그림자 없는 빛은 우리의 눈을 찌를 뿐 아름답지 않다. 빛의 아름다움은 그것을 빛이게 해주는 그림자에 빚을 지고 있는 것이다. 그러고 보면 명암의 세계는 서로 떨어질래야 떨어질 수 없는 불가분의 관계에 놓여 있다. 그러기에 밤에서 낮으로 가는 길목에는 대문이 없지 않은가!

이렇듯 빛과 어둠의 세계는 상호 길항관계이면서도 공존관계라는 사실을 인정할 때, 내가 너에게 빛이 될 수 있을 뿐 아니라 빛이 될 수도, 어둠이 될 수도 있다는 사실을 부정하지 않게 될 때 비로소 우리의 저 저주는 풀릴 수 있을 것이다. 그러고 보면 저 저주는 운명, 즉 마녀도 신도 아닌 우리 스스로가 우리에게 덧씌운 굴레일 뿐이다. 칸트는 말하지 않았던가—"인간 스스로가 자초한 미성년에서 벗어나라!"고. "이성을 사용할 줄 아는 용기를 가져라!"고.

저서

"Essentialism"(1950)
"A History of Ancient and Medieval Philosophy"(1950)
"A History of American Thought : An Introduction"(1951)
"A History of Modern Philosophy"(1951)
"Essentialism—a New Approach to a One World Philosophy"(1951)
"Ethics and the Modern World; : Towards a One World Perspective"(1951)
"History of Ancient and Medieval Philosophy"(1951)
"Ethics and the Modern World; Towards a One World Perspective"(1952)
"Philosophy of Education for Our Time"(1952)
"Great Ideas of Education"(1953)
"Patterns of a New Philosophy"(1955)(Autoren : Frederick Mayer; Frank E. Brower)
"Education for Maturity"(1956)(Autoren : Frederick Mayer; Frank E. Brower)
"New Directions for the American University"(1957)
"Education and the Good Life"(1957)
"Philosophy of Education for Our Time"(1958)
"Education for Creative Living"(1959)
"Our Troubled Youth : Education Against Delinquency"(1959)
"A History of Educational Thought"(1960, 1966, 1973)
"The Goals of Education"(1960)
"Creative Universities"(1961)
"In Defense of American Education"(1961)
"Web of Hate"(1961)
"Man, Morals and Education"(1962)
"New Perspectives for Education"(1962)
"Foundations of Education. Study of Origins & Development of Educational Ideals Including Today's Foremost American Concepts"(1963)
"American Ideas and Education"(1964)
"Introductory Readings in Education"(1966)

"ROAD TO MODERN EDUCATION. GREAT IDEAS OF EDUCATION VOL. 2"(1966)
"The Great Teachers"(1967)
"Creative Universities"(1969)
"Education for a New Society"(1973)
"Aufforderung zur Menschlichkeit. Erzieherische Weltperspektiven"(1975)
"Dynamische Erziehung. Alternativen zur Erziehungsreform"(1975)
"Vorurteil–Geißel der Menschheit"(1975)
"Einladung zur Tat"(1976)
"Erziehung zu einer kreativen Gesellschaft"(1976)
"Schöpferisch älter werden"(1978)
"Füreinander dasein : Kinder–Familie–Gesellschaft : Chaos oder Gemeinschaft."(1979)
"Impulse für ein neues Leben. Verwirrung und Verwirklichung"(1979)
"Kreativität. Illusion oder Wirklichkeit"(1979)
"Anweisung für eine Flucht nach vorn"(1982)
"Wahnsinn USA. Von einem, der auszog, die Freiheit zu finden"(1984)
"...findest du das Tal der Perlen... Gedichte"(1986)
"Eine Lüge, die uns allen den Tod bringen kann"(1986)
"Kreativität. Begrenzungen und Möglichkeiten"(1990)
"Schöpferisch erleben"(1992)
"Versagen ohne Ende? Kreativität, Bildung und Gesellschaft in globaler Sicht"(1994)
"Vorurteile bedrohen uns alle"(1995)
"Vergeudung oder Verwirklichung. Können wir kreativer sein?"(1998)
"Zwischen Ernüchterung und Erleuchtung. Gedanken und Lyrik"(1998)
"Der Wert jedes Menschen ist unermesslich"(1998)
"Lebensziele"(1999)
"Umdenken"(2001)
"Sehnsucht nach Harmonie"(2001)
"Eine neue Bildung für eine neue Gesellschaft"(2001)
"Mut zur schöpferischen Fantasie : Kreativität entdecken und wagen"(2002)
"Weisheit der Gefühle. Ideale und Realitäten"(2003)
"Lebensmanagement"(2004)
"Erwartung und Erneuerung"(2005)
"Vernunft, Glaube und Menschlichkeit"(2005)
"Erfüllung–Die schwierige Herausforderung in allen Lebensbereichen, besonders im Alter"(2006)

"Güte als Lebensweise"(2006)

"Wege zu einem bedeutungsvollen Alter"(2006)

"Tiefer fühlen und sensibler werden. Die kreative Entfaltung"(2006)

"Der lange Weg zum Miteinander"(2006)

"Unser Lebensstil : Möglichkeiten und Irrwege"(2007)

"Lesebuch"(2009)

"Eine neue Bildung für eine neue Gesellschaft"(2009)

"Vorurteil – eine Geißel der Menschheit"(2010)

"Frederick Mayer – zum Gedenken. Schöpferische Expansion. Können wir kreativer, sensibler, wacher werden?"(Alice Strigl, Hg., 2008)

참고문헌

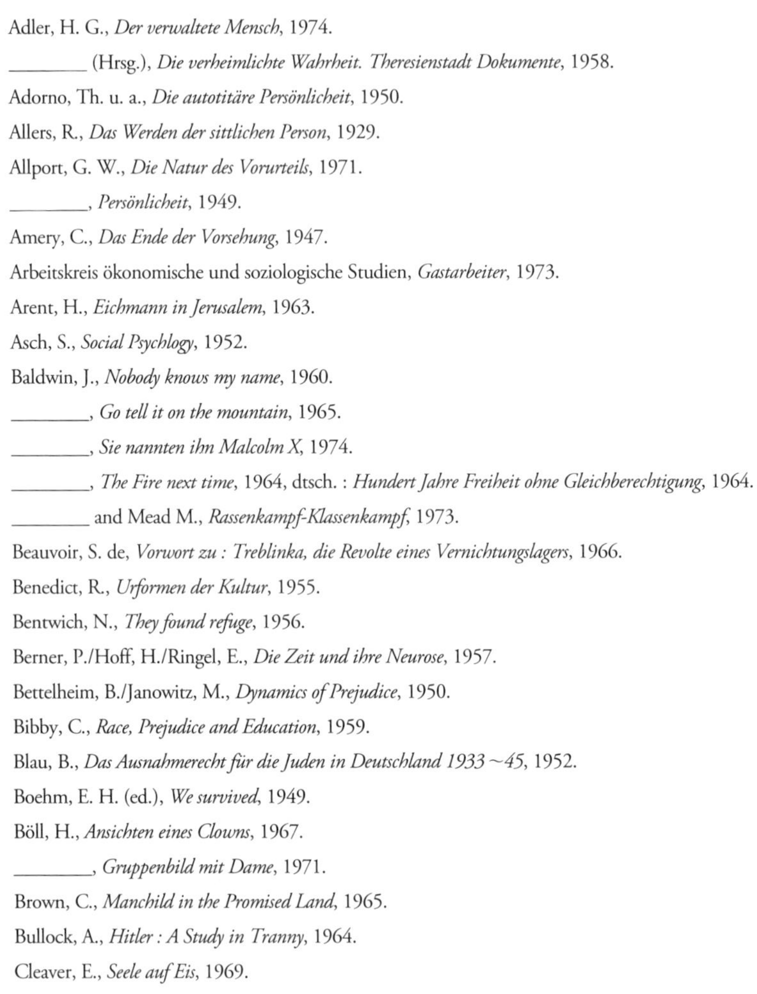

Adler, H. G., *Der verwaltete Mensch*, 1974.

________ (Hrsg.), *Die verheimlichte Wahrheit. Theresienstadt Dokumente*, 1958.

Adorno, Th. u. a., *Die autotitäre Persönlicheit*, 1950.

Allers, R., *Das Werden der sittlichen Person*, 1929.

Allport, G. W., *Die Natur des Vorurteils*, 1971.

________, *Persönlicheit*, 1949.

Amery, C., *Das Ende der Vorsehung*, 1947.

Arbeitskreis ökonomische und soziologische Studien, *Gastarbeiter*, 1973.

Arent, H., *Eichmann in Jerusalem*, 1963.

Asch, S., *Social Psychlogy*, 1952.

Baldwin, J., *Nobody knows my name*, 1960.

________, *Go tell it on the mountain*, 1965.

________, *Sie nannten ihn Malcolm X*, 1974.

________, *The Fire next time*, 1964, dtsch. : *Hundert Jahre Freiheit ohne Gleichberechtigung*, 1964.

________ and Mead M., *Rassenkampf-Klassenkampf*, 1973.

Beauvoir, S. de, *Vorwort zu : Treblinka, die Revolte eines Vernichtungslagers*, 1966.

Benedict, R., *Urformen der Kultur*, 1955.

Bentwich, N., *They found refuge*, 1956.

Berner, P./Hoff, H./Ringel, E., *Die Zeit und ihre Neurose*, 1957.

Bettelheim, B./Janowitz, M., *Dynamics of Prejudice*, 1950.

Bibby, C., *Race, Prejudice and Education*, 1959.

Blau, B., *Das Ausnahmerecht für die Juden in Deutschland 1933~45*, 1952.

Boehm, E. H. (ed.), *We survived*, 1949.

Böll, H., *Ansichten eines Clowns*, 1967.

________, *Gruppenbild mit Dame*, 1971.

Brown, C., *Manchild in the Promised Land*, 1965.

Bullock, A., *Hitler : A Study in Tranny*, 1964.

Cleaver, E., *Seele auf Eis*, 1969.

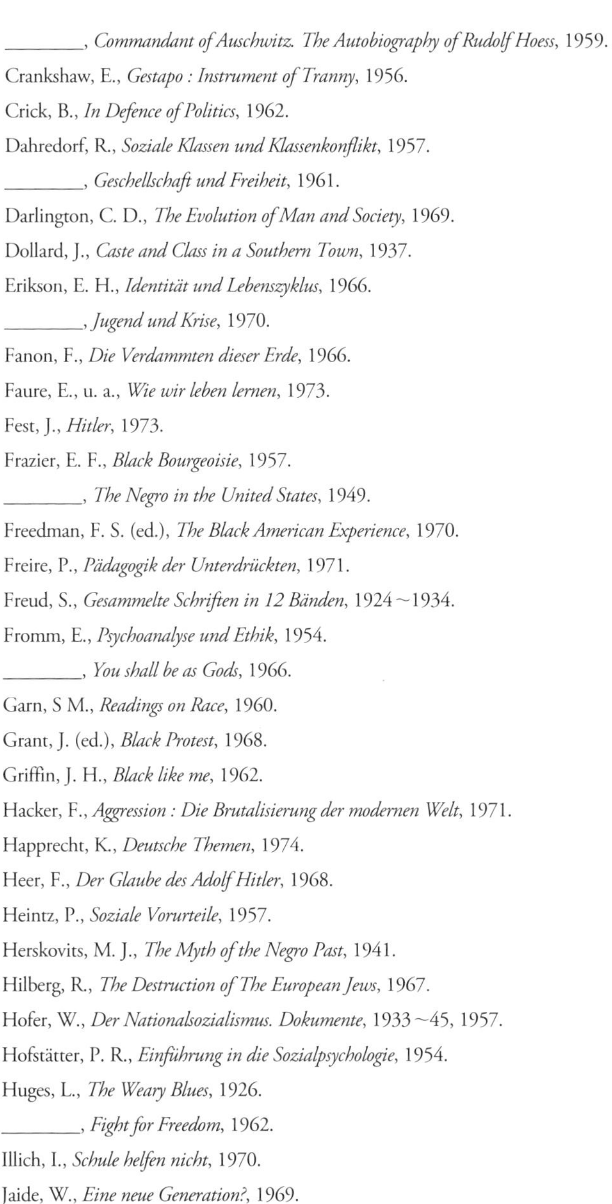

________, *Commandant of Auschwitz. The Autobiography of Rudolf Hoess*, 1959.

Crankshaw, E., *Gestapo : Instrument of Tranny*, 1956.

Crick, B., *In Defence of Politics*, 1962.

Dahredorf, R., *Soziale Klassen und Klassenkonflikt*, 1957.

________, *Geschellschaft und Freiheit*, 1961.

Darlington, C. D., *The Evolution of Man and Society*, 1969.

Dollard, J., *Caste and Class in a Southern Town*, 1937.

Erikson, E. H., *Identität und Lebenszyklus*, 1966.

________, *Jugend und Krise*, 1970.

Fanon, F., *Die Verdammten dieser Erde*, 1966.

Faure, E., u. a., *Wie wir leben lernen*, 1973.

Fest, J., *Hitler*, 1973.

Frazier, E. F., *Black Bourgeoisie*, 1957.

________, *The Negro in the United States*, 1949.

Freedman, F. S. (ed.), *The Black American Experience*, 1970.

Freire, P., *Pädagogik der Unterdrückten*, 1971.

Freud, S., *Gesammelte Schriften in 12 Bänden*, 1924～1934.

Fromm, E., *Psychoanalyse und Ethik*, 1954.

________, *You shall be as Gods*, 1966.

Garn, S M., *Readings on Race*, 1960.

Grant, J. (ed.), *Black Protest*, 1968.

Griffin, J. H., *Black like me*, 1962.

Hacker, F., *Aggression : Die Brutalisierung der modernen Welt*, 1971.

Happrecht, K., *Deutsche Themen*, 1974.

Heer, F., *Der Glaube des Adolf Hitler*, 1968.

Heintz, P., *Soziale Vorurteile*, 1957.

Herskovits, M. J., *The Myth of the Negro Past*, 1941.

Hilberg, R., *The Destruction of The European Jews*, 1967.

Hofer, W., *Der Nationalsozialismus. Dokumente*, 1933～45, 1957.

Hofstätter, P. R., *Einführung in die Sozialpsychologie*, 1954.

Huges, L., *The Weary Blues*, 1926.

________, *Fight for Freedom*, 1962.

Illich, I., *Schule helfen nicht*, 1970.

Jaide, W., *Eine neue Generation?*, 1969.

King, M. L., *Stride toward Freedom*, 1958.
________, *Where do we go from here : Chaos or Community?*, 1967.
________, *Warum wir nicht warten können*, 1965.
Klee, E., *Behindertenreport*, 1973.
Koczak, J., *Wie man ein Kind lieben soll*, 1968.
Kogon, E., *The Theory and Practice of Hell*, 1950.
Kuper, L. and Smith, M. (ed.), *Pluralism in Africa*, 1970.
Lausch, E., *Manipulation*, 1974.
Lock, A. (ed.), *The American Negros*, 1925.
Malcolm X, *Der schwarze Tribun. Eine Autobiographie*, 1966.
________, *Schwarze Gewalt*, 1968.
Malinowski, B. M., *Eine wissenschaftliche Theorie der Kultur*, 1949.
Mantell, D. M., *Familie und Aggression*, 1972.
Mayer, F., *History of Educational Thought*, 1973.
________, *American Ideas and Education*, 1964.
________, *Creative Universities*, 1961.
________, *Education for Maturity*, 1956.
Menninger, K., *Man against himself*, 1938.
Mitscherlich, A., *Die Idee des Friedens und menschliche Aggressivität*, 1970.
________, *Auf dem Weg zur vaterlosen Gesellschaft*, 1963.
________, *Der Versuch die Welt besser zu verstehen*, 1970.
________ und Mielke, F., *The Death Doctors*, 1967.
Moody, A., *Coming of Age in Mississippi*, 1970.
Myrdal, G., *An American Dilemma*, 1944.
Naumann, B., *Auschwitz*, 1966.
Osofsky, G., *Harlem : The Making of Ghetto*, 1890～1930, 1965.
Patterson, S., Dark Strangers, 1963.
Pollak, W., *Strategien zur Emanzipation*, 1973.
Reichmann E. G., *Hostages of Civilization. The Sources of National Socialist Antisemitism*, 1951.
Richter, H. E., *Die Gruppe*, 1972.
________, *Eltern, Kind und Neurose*, 1967.
________, *Lernziel Solidarität*, 1974.
Ringel, E., *Selbstschädigung durch Neurose*, 1973.
________, *Einführung in die Grundprobleme der Neurose*, 1959.

Sartre, J. P., *Black Orpheus*, 1963.

Scheffler, W., *Judenverfolgung im Dritten Reich*, 1961.

Schoenberner, G. (Hrsg.), *Wir haben es gesehen. Augenzeugenberichte über die Judenverfolgung im Dritten Reich*, 1962.

Schulz-Hencke, H., *Der gehemmte Mensch*, 1940.

Schutz, W. C., *Joy : Expanding Human Awareness*, 1967.

Segal, R., *The Race War*, 1966.

Shirer, W., *The Rise and the Fall of the Third Reich. A History of Nazi Germany*, 1960.

Silver, J. W., *Mississippi : The closed society*, 1963.

Skidelsky, R., *Schulen von Gestern für Morgen*, 1974.

Sodhi, K. S./Bergius, R., *Nationale Vorurteile*, 1953.

Spitz. R., *Vom Säugling zum Kleinkind*, 1969.

Strotzka, H., *Gesundheit für Millionen. Sozialpsychiatrie heute*, 1972.

Stückrath, E., *Lernen im Befreiungskampf*, 1974.

Thomas, K., *Menschen vor dem Abgrund*, 1970.

Vernon, P. E., *Intelligence and Cultural Achievement*, 1969.

Walker, M., *Jubilee*, 1967.

Washington, B. T., *Up from Slavery*, 1901.

Weisenborn, G., *Der lautlose Aufstand*, 1953.

Westin, A. (ed.), *Freedom now! The Civil Rights Struggle in America*, 1964.

Wolff, I. R., *German Jewry. Its History, Life and Culture*, 1958.

Woodson, C. G. and Wesley, C. H., *The Negro in our History*, 1962.

Wright, N., *Black Power and Urban Unrest*, 1967.

Wright, R., *Black Boy*, 1950.

Yahil, L., *Test of a Democracy*, 1966.

Zahn, G., *Er folgte seinem Gewissen*, 1967.

Zinn, H., *The New Abolitionists*, 1965.